KB069419

마
음
편
지

마음편지

발행일   2023년 1월 25일 초판 1쇄

지은이   구본형, 홍승완
펴낸이   정무영, 정상준
펴낸곳   (주)을유문화사
창립일   1945년 12월 1일
주소   서울시 마포구 서교동 469-48
전화   02-733-8153
팩스   02-732-9154
홈페이지 www.eulyoo.co.kr

ISBN   978-89-324-7482-3   03100

마
음
편
지

구본형·홍승완 지음

❀ 을유문화사

2월 어느

버스,세차장 에서

세차가되기 기달

그동안 차를 훑게된 덕에

꼼꼼이 큰 벚꽃이 되어있네.

벚꽃 한송이가

봄을 기다려 온 것은 아니겠지만.

벚꽃이 봄을 그내처럼

않았다면 봄은 오지 않았을꺼야.

한 그리움이

봄을 맞는 것은 그 봄을 알까

일러두기

- 구본형 작가의 글은 '회색'으로,
  홍승완 작가의 글은 '검은색'으로 구분했습니다.
- 저자가 인용문을 직접 번역한 경우에는 인용 도서의
  저자명과 도서명만 밝혔습니다. 오래전에 출간되었거나,
  개정판이 나와 인용한 판본을 확인할 수 없는 경우에는
  개정판을 기준으로 출처를 밝혔습니다.
- 일부 저작권자가 불분명하거나, 미처 허락을 구하지 못한
  인용문의 경우에는 확인되는 대로 별도의 허락을 받겠습니다.
- 인명이나 지명은 국립국어원의 외래어 표기법을 따랐습니다.
  단, 일부 굳어진 명칭은 일반적으로 통용되는 것을 사용했습니다.
  인용문의 표기법은 원문을 그대로 따라 본문 표기법과
  다를 수 있습니다.

여는 글
영혼을 깨우는 문장과 질문

2013년 세상을 떠난 구본형이 마지막까지 쓰고 싶어 한 책이 있습니다. 스승님은 자신이 운영해 온 '변화경영연구소'의 온라인 회원들에게 10년 넘게 매주 '마음편지'를 발송했는데, 타계하기 9개월 전에 보낸 마음편지에 이렇게 적었습니다.

"앞으로 매주 보내는 금요일 편지는 '내 영혼을 키운 불멸의 명언들'이라는 타이틀 아래 여러분과 내가 함께 쓰는 책으로 가닥을 잡아 보면 어떨까 합니다. 내 글과 여러분의 대답이 사례를 이루어 한 꼭지를 구성하고 1년쯤 지나 책으로 출간해 보고 싶습니다."

이 편지를 기점으로 스승님은 꽤 많은 양의 글을 썼습니다. 갑작스럽게 병에 걸리고 투병하느라 작업을 마무리하지 못했지만 아픈 와중에도 끝까지 이 주제를 놓지 않았습니다. 나는 궁금했습니다. '왜 이 주제에 흠뻑 빠졌을까?' 직접 물어보지는 못했지만 미국의 계관 시인 월트 휘트먼의 책에서 그 답을 찾았습니다. 휘트먼은 말년에 본인 인생을 돌아보며 다음과 같이 썼습니다.

> 만약 회고록을 집필한다면 오랫동안 마음에 간직해 온
> 구절들을 하나도 빼놓지 않고 기록하게 될 것이다. 지금껏
> 간직하고 있는 작은 수첩들마다 내 영혼이 의지해 온
> 짧은 경구들이 잠자고 있다. 부끄러운 삶이 고되다고
> 여겨질 때마다 나는 이 경구들에게 손을 내밀었다.
> 한 구절, 한 구절이 세상에 둘도 없는 시편이 되어
> 나를 일깨우고, 일으키고, 살아가게 해 주었다.
> ─ 월트 휘트먼, 『나 자신의 노래』(바움, 2007)

문득 나의 생명에 기운을 불어넣는 문장을 만날 때가 있습니다. 그런 문장을 금언金言 또는 잠언이라 부릅니다. 말과 글을 사용하는 건 사람이지만, 나중에는 언어가 그 사람을 길들입니다. 아르헨티나의 작가 호르헤 루이스 보르헤스는, 단테나 셰익스피어의 시구를 되뇔 때마다 우리는 어느 정도 그 시구를 창조했던 순간의 셰익스피어나 단테가 된다고 말했습니다. 이뿐만이 아닙니다. 최신 뇌 과학 연구들은 사람이 사용하는 말과 글, 즉 언어가 뇌를 바꿀 수 있음을 생생히

보여 줍니다. 일례로 미국의 뇌 과학자 앤드루 뉴버그는 "언어를 어떻게 사용하느냐에 따라 뇌의 신경 기능을 개선할 수 있다. 단 한 마디의 말에도 육체적, 감정적 스트레스를 조절하는 유전자 발현에 영향을 줄 만큼 강력한 힘이 있기 때문이다."*라고 강조합니다. 뇌는 신체의 활동과 유지를 관장하는 중추이므로 언어를 통한 뇌의 긍정적 변화는 몸에도 도움이 됩니다. 또한 뇌와 정신은 불가분의 관계이기에 언어는 정신도 바꿀 수 있습니다.

　　요컨대 마음으로 들어온 잠언은 나란 존재를 형성하고 삶에 의미 있는 영향을 미칩니다. 구본형에게도 "오랫동안 마음에 간직해 온 구절"이 있었습니다. 휘트먼처럼 삶이 힘겨울 때 믿고 의지할 수 있는 문장들을 되새기며 자신을 다잡았고, 또 그런 문장들을 세상과 나누고 싶어 했습니다.

　　스승님은 앞서 소개한 마음편지에 이어 그다음 주에 보낸 편지에서 자신의 영혼을 키운 첫 잠언으로 소설가 니코스 카잔차키스의 문장을 인용했습니다. 다만 원문 그대로 가져오지 않고 살짝 각색했습니다.

---

*　앤드류 뉴버그·마크 로버트 월드먼, 『왜 생각처럼 대화가 되지 않을까?』 (알키, 2012)

어두운 자궁womb에서 태어나 어두운 무덤tomb으로 가는
것이 인생이다. 삶이란 그 두 어둠 사이의 짧고 빛나는
순간이다.*
— 니코스 카잔차키스, 『영혼으로 서리라』(청하, 1989)

그리고 독자에게 묻습니다.

"어둠과 어둠 사이, 이 짧고 빛나는 순간에 내가 꼭 하
고 싶은 것을 얼른 하나 들어 본다면 그게 뭘까요?"

스승님이 떠나고 그리움에 젖은 날, 우연히 이 질문
이 눈에 들어왔습니다. 불현듯 "두 어둠 사이의 짧고 빛나는
순간"에 하고 싶은 일이 떠올랐습니다. 오랜 스승인 구본형
이 미완성으로 남긴 원고를 고인의 유지를 살려 완성하고 싶
었습니다. 그 과정을 성실하게 즐겨 보리라, 지금껏 하루하루
잊지 않고 품어 온 그리움에 사랑을 더해 마음껏 흘러가리라
마음먹었습니다.
그러고 보니 스승님은 이 책을 독자와 함께 쓰고 싶어

---

* 원문은 다음과 같습니다. "끝모를 심연에서 태어나 끝모를 심연에서 죽
  는 우리, 빛나는 그 사이를 우리는 삶이라 부른다."

10

했습니다. 그래서 책 작업을 위해 써 둔 마음편지 대부분을 자신에게 울림을 준 잠언 하나를 제시한 뒤, 그에 관한 자기 생각을 풀어내고, 신중하게 가려 뽑은 질문을 독자에게 전하는 형태로 마무리했습니다. 정리하면 자신에게 깊이 다가온 문장, 그에 대한 본인의 해석, 독자에게 건네는 질문으로 글 한 편을 구성한 것입니다.

　　마음편지를 이렇게 구성한 데는 분명한 이유가 있습니다. 본인 글과 독자의 대답을 묶어서 책으로 내고자 했으니까요. 안타깝게도 스승은 떠났고 질문은 남았습니다. 나는 제자이기에 앞서 독자로서 그 질문들에 답했습니다. 간단히 그 과정을 요약해 보겠습니다.

　　나는 먼저 구본형의 마음편지를 읽고, 질문 하나를 마음에 심은 채 일주일을 생활했습니다. 처음엔 스승의 부재를 어떻게든 메워 보려 시작했는데, 시간이 흐를수록 점점 흥미진진해졌습니다. 질문들이 각기 다른 면에서 나를 들여다보는 창문 역할을 해 주었습니다. 스승님이 고르고 고른 질문을 궁리하는 일은 '나'를 구성하는 여러 개의 퍼즐 맞추기 같았습니다. 질문에 하나하나 답해 나가다 보면 나의 내적 풍경이 하나씩 그려졌습니다. 이 경험을 통해 질문이 답만큼, 아니 답보다 더 중요하다는 걸 깨달았습니다. 답이 아닌 질문이 나란 세계를 열어 주었기 때문입니다.

말 나온 김에 질문에 대해 좀 더 얘기해 보지요. '청문사聽問師'라는 말이 있습니다. 경청하고 질문하는 스승을 의미합니다. 경청하고 질문할 줄 아는 사람이 곧 스승이라는 뜻이기도 합니다. 구본형은 내가 만난 최고의 청문사였습니다. 스스로도 자신을 '질문하는 사람'이라 부르곤 했습니다. 누군가가 조언을 구하면 먼저 상대에게 다양한 질문부터 했습니다. 좋은 질문은 정보를 끄집어내고, 훌륭한 질문은 변화를 촉발한다는 걸 알고 있었기 때문입니다.

제자들에게도 질문을 강조했습니다. 생전에 10년 가까이 진행한 변화경영연구소의 연구원 수업은 특정 주제에 대한 연구원들의 개별 발표에 이어 질문과 토론으로 이뤄졌습니다. 내 기억이 정확하다면 수업에서 구본형은 강의를 한적이 없습니다. 국내에서 손에 꼽히는 명강사로 한 달에 열번 이상 강의를 했음에도 연구원 수업에서는 단 한 번도 하지않았습니다. 물론 때때로 실마리를 일러 주고 도움이 될 만한정보를 제시하긴 했지만, 질문할 때가 훨씬 많았습니다. 의견개진이나 조언보다 질문이 공부에 훨씬 도움이 된다고 생각해서, 연구원들에게도 질문을 신중하게 다듬어서 하기를 권했습니다.

"질문은 대부분의 경우 답만큼이나 중요하다. 어떤 때

는 오히려 답 이상으로 중요하다. 중요한 질문일수록 더욱 그렇다. 훌륭한 질문만이 훌륭한 답을 만들어 낼 수 있다.”

나는 스승님이 세상을 떠나고 나서야 궁금해졌습니다. ‘그는 어떻게 질문을 인생의 유용한 나침반으로 사용할 수 있었을까? 좋은 질문을 할 줄 알았던 비결은 무엇일까?’ 꽤 오래 걸려 내가 찾아낸 답은 한 단어였습니다. ‘경청’. 내 기억에 지금도 가장 생생하게 남아 있는 스승님의 모습은 맑은 눈빛을 가진 경청자의 얼굴입니다. 어느 책에선가 중국어에서 ‘총명聰明’은 ‘이총목명耳聰目明’의 줄임말이라는 얘기를 본 적이 있습니다. 귀와 눈 밝은 이가 지혜롭다는 뜻인데, 여기에 입이 빠져 있다는 사실이 의미심장하지 않은지요.

스승님이야말로 이총목명의 본보기였습니다. 다른 이의 말을 끊는 법이 없었고, 지레짐작하거나 속단하지도 않았습니다. 상대의 말을 유심히 듣고, 주의 깊게 바라보다가 궁금한 걸 묻곤 했습니다. 스승님과 함께하는 동안, 집중해서 들어 주는 것만으로도 상대방이 밝아지고 회복되는 걸 여러 번 목격했습니다. 놀라운 경험이었습니다. 심신이 지치고 스트레스에 심하게 억눌린 사람에게 필요한 건 유용한 조언이 아니었습니다. 오히려 속내를 안심하고 자유롭게 토해 낼 수 있는 자리, 섣부른 간섭 없이 있는 그대로 들어 주는 사람이 무엇보다 필요했던 겁니다. 경청이 더없는 위로이고 질문이 곧 최고의 조언이 될 수 있음을 스승님을 보며 알았습니다.

돌아보면 나는 30년 넘게 '대답형 인간'으로 살았습니다. 매사에 얼른 문제를 해결하고 효율적으로 일할 수 있는 정답을 중시했다는 말이지요. 이제는 '질문형 인간'으로 살고 싶습니다. 젊은 시절 나는 똑똑해지고 싶었던 것 같습니다. 지금은 지혜로워지고 싶습니다. 살아갈수록 답이 아닌 질문이 지혜의 문을 여는 열쇠임을 체감하고 있습니다.

• • •

이 책을 쓰기 시작하면서 한 가지 염려되는 점이 있었습니다. 스승님의 글 자체에 관한 것입니다. 생전에 스승님은 마음편지에 써 둔 글을 모으고 수정해서 책을 내곤 했습니다. 마음편지에 앞으로 출간할 책의 초고를 써 둔 것이지요. 이 책을 위해 집필한 원고 역시 초고이기에 완성도가 균일하지 않았습니다. 특히 후반부로 갈수록 완성도의 편차가 다소 심했습니다. 아무래도 투병 중에 글을 써서 그런 듯합니다. 이 점을 염두에 두고 스승님이 직접 쓴 마음편지는 최대한 그대로 살리되, 일부 보완이 필요한 부분은 스승님이 남긴 다른 글(저서, 칼럼 등)에서 적합한 내용을 가져와 보강했습니다.

나는 질문마다 신중하게 답글을 기록했습니다. 이 책에서 내 글은 스승님의 글 다음에 이어서 나옵니다. 그런데 내가 쓴 글의 분량이 조금 더 많습니다. 여기에는 이유가 있는데, 내 글이 다음과 같은 역할을 하길 바라기 때문입니다.

　　먼저, 나는 구본형이 남긴 질문에 대해 독자이자 제자로서 내 생각을 기록하는 동시에 편지에 담긴 잠언과 해석, 질문을 간단하게나마 부연하고자 했습니다. 스승님의 글이 미완성이다 보니 독자를 위해 보충 설명이 필요했습니다. 그리고 독자가 구본형의 질문에 답할 때 참고가 되고자 했습니다. 열한 개의 질문이 모두 성찰적이어서 답하기가 만만치 않은데, 먼저 답을 찾아본 경험상 어디서부터 시작해야 할지 막막한 경우가 많았습니다. 그런 독자들에게 내 글이 일종의 예시가 되어 줄 수 있으리라 생각합니다. 이런 역할을 염두에 두다 보니 분량이 다소 늘어났습니다.

　　나는 이 책을 쓰면서 스승의 질문들을 1년 가까이 깊이 탐구했습니다. 지금 이 글을 읽고 있는 그대도 구본형이 남긴 잠언을 음미하고 질문에 답해 보면 어떤는지요? 나처럼 일주일 또는 하루 동안 질문 하나를 화두로 잡고 자기 자신과 대화를 나누는 계기로 삼아 봐도 좋겠습니다.

　　스승님은 종종 독자와 작가는 같다고 강조하곤 했습

니다. 독자들 역시 글자만 읽는 게 아니라 책의 내용을 각자의 체험과 사유에 따라 받아들이고 해석함으로써 새로운 버전의 책을 만들어 내기 때문입니다. 그의 말을 빌리면 "모든 독자는 자신이 읽은 책의 또 다른 저자이기도" 합니다. 그대가 질문에 답함으로써 독자를 넘어 공동 저자가 되어 준다면 더없이 기쁘겠습니다.

홍승완

차례

"세 가지 열정이 내 인생을 지배했다"

— 버트런드 러셀

당신의 장작은 무엇을 위해 타오르고 있나요?

단순하지만 누를 길 없이 강렬한 세 가지 열정이
내 인생을 지배해 왔으니, 사랑에 대한 갈망, 지식에
대한 탐구욕, 인류의 고통에 대한 참기 힘든 연민이 바로
그것이다. 이러한 열정들이 마치 거센 바람과도 같이 나를
이리저리 제멋대로 몰고 다니며 깊은 고뇌의 대양 위로,
절망의 벼랑 끝으로 떠돌게 했다.
— 버트런드 러셀, 『인생은 뜨겁게』(사회평론, 2014)

나는 버트런드 러셀의 자서전 첫 페이지에 나오는 이
문장을 읽고 또 읽었습니다. 읽을 때마다 젊고 아름답고 활력
으로 넘치는 나를 상상합니다. 지치고 무의미하고 시시한 생
각에 시달릴 때, 이 말은 내 영혼을 산들바람 타고 날아가는
듯한 상쾌함으로 어루만져 줍니다. 기쁨의 몇 시간을 위해 여
생을 다 바쳐도 좋으리라 믿게 하는 사랑을 떠올리게 하고,
그 앞에 서면 다른 모든 건 절멸하고 마는 삶의 황홀을 느끼
게 합니다. 러셀은 말합니다.

사랑과 지식은 나름대로의 범위에서 천국으로 가는 길로
이끌어 주었다. 그러나 늘 연민이 날 지상으로 되돌아오게
했다.

— 같은 책

    그렇다면 그는 어떤 삶을 살았을까요? 1872년 영국
웨일스에서 태어난 러셀은, 한마디로 자신의 사상에 충실한
삶을 살았습니다. 명문가 출신으로 당대 최고의 수학자이자
철학자로서 20세기를 대표하는 지성으로 손꼽히지만 이런
모습은 그의 인생의 절반에만 해당합니다. 러셀은 자신의 전
문 분야에 머물기보다는 자기 신념을 따랐습니다. 1916년 제
1차 세계 대전이 발발했을 때, 그는 징병을 반대하여 벌금형
을 선고받았으나 납부를 거부해 대학에서 강의 자격을 박탈
당했습니다. 2년 후에는 전쟁을 반대하는 글을 써서 6개월 동
안 구금되었습니다. 새로운 교육 실험을 하기 위해 학교를 설
립하고, 알베르트 아인슈타인과 함께 핵무기 철폐 운동을 벌
이기도 했습니다. 한번은 시민 불복종 운동을 선동한 혐의로
감옥에 갇혔는데, 그때 그의 나이 88세였습니다. 이렇게 우여
곡절을 겪으면서도 명저를 여러 권 써서 노벨 문학상을 수상
한 그는 1970년 97세의 나이로 세상을 떠났습니다. 그의 한
평생은 본인의 사상을 키워 나가고 실험하고 실천하는 장場

이었습니다.

　　많은 사람이 다시 살 기회가 주어진다면 지금처럼 살지 않겠다고 말합니다. 그만큼 후회와 아쉬움 없이 살기가 어렵다는 뜻이겠지요. 버트런드 러셀은 그의 긴 인생만큼 두툼한 자서전의 프롤로그를 "이것이 내 삶이었다. 하지만 나는 그것이 살 만한 가치가 있다는 것을 알았으므로, 만일 기회가 주어진다면 기꺼이 다시 살아볼 것이다."*라는 문장으로 마무리했습니다. 본인의 신념과 열정에 충실했기에 이렇게 말할 수 있었을 겁니다. 같은 생명이 주어졌는데, 누군가의 삶은 위대하고 누군가의 삶은 어림도 없는 것으로 남고 맙니다. 어디서 그 차이가 생겨날까요? 누구의 인생이든 또 다른 누군가에게는 그 사람의 존재만큼 중요한 것이 없을 테니 아무리 시시해 보여도 삶 그 자체로 위대한 것일까요? 난 아직 잘 모르겠습니다. 그러나 분명한 건 우리의 열정이 곧 우리이며, 우리의 행동이 곧 우리라는 것입니다. 모든 인생은 그 삶의 주체를 닮을 수밖에 없습니다.

　　러셀의 세 가지 열정을 읽다가, 그러면 어떤 열정이 내 삶을 이끌고 있는지 스스로 물어보았습니다. 어느 날인가 일기에 적어 둔 한 대목이 떠올랐습니다.

* 버트런드 러셀, 『인생은 뜨겁게』(사회평론, 2014)

"나는 시詩처럼 살고 싶다. 어느 날 찾아온 생각이 나를 살아 있음으로 떨리게 할 때, 나는 그 생각을 따라 바람처럼 일어서 따라나설 것이다. 쏟아지는 햇빛처럼 혹은 퍼붓는 비처럼 혹은 푸른 들판의 미풍처럼 내 삶을 만들어 갈 것이다. 어째서 삶을 시처럼 살 수 없단 말인가?"

어쩌면 이제 나이 들어 시를 쓰기는 어려울지도 모릅니다. 시에는 젊음의 반짝임과 도약이 필요하기에 평화를 지향하는 노년은 아마도 그 빛나는 활공과 창조성을 따라가기 어렵겠지요. 그렇다 해도 시처럼 아름답게 살 수는 있습니다. 자연과 더 많이 어울리고, 젊은이들과 많이 웃고 떠들고, 소유하되 집착이 없는 자유로운 행보는 가능할 겁니다. 내가 왜 시인이 되고 싶은지는 잘 모릅니다. 그저 시적인 삶, 봄날 흩날리는 벚꽃잎처럼 사람들을 조금 들뜨게 하고 새로운 인생을 기쁘게 다시 시작하게 하는 삶에 대한 그리움 같은 것이리라 생각합니다. 나는 내 삶의 시인이 되고 싶습니다. 그리하여 '변화경영 시인'이라는 이름으로 죽고 싶습니다.

이 생각은 우유부단한 나에게 많은 힘을 주었습니다. 내 마음은 직장인이었을 때와는 비교할 수 없는 충만함으로 차오르기 시작했습니다. 지금도 '시처럼 산다'라는 열정을 되새길 때마다 마치 한 그루의 나무가 자라듯 나도 커 가는 것처럼 느껴집니다.

열정은 내 삶에 대한 책임은 세상이 아닌 나에게 있다는 결심이기도 합니다. 열정은 스스로 불타올라 빛날 수 있는 힘입니다. 평범함을 넘어선 모든 사람은 자신의 열정을 따랐고, 자기 생각대로 살아 볼 수 있는 제 세상 하나를 창조했습니다. 지금도 수없이 많은 사적인 세계가 누군가가 점령해 주기를 기다리고 있습니다. 이 세계는 우리와 동떨어진 이야기가 아닙니다. 가령 하나의 기업을 만들어 내는 일은 하나의 나라를 세우는 것과 같습니다. 러셀처럼 하나의 분야에서 독보적인 존재가 되는 것도 나의 세계 하나를 창조하는 길입니다. 이 창조력의 바탕이 바로 열정입니다. 결국 열정이 없으면 우리는 삶이라는 위대함에서 멀어질 수밖에 없습니다.

자기 자신에게 꼭 물어보세요. 당신의 장작은 무엇을 위해 타오르고 있나요? 당신의 삶을 이끄는 힘은 어떤 열정인가요? 무엇에 대한 열정인지요?

내 영혼의 뿌리와 날개

    버트런드 러셀의 문장을 반복해서 읽은 스승을 따라 나도 러셀의 세 가지 열정을 여러 번 눈에 담았습니다. 원문을 찾아보기도 했는데, 엄청나게 두꺼운 자서전의 문을 여는 프롤로그는 단 한 페이지더군요. 그와 더불어 스승의 삶을 이끈 '시처럼 산다'라는 열정을, 생전 스승의 모습을 떠올리며 곱씹었습니다.

    나도 자신에게 물어봅니다. '나는 무엇을 위해 살고 있는가? 내 삶을 이끄는 열정은 무엇인가?' 금세 두 단어가 떠오릅니다. 이 둘은 오래전부터 내 영혼에서 자라고 있습니다. 러셀이 열정이라 표현한 것을 나는 '핵심 가치'라고 부릅니다. 열정과 핵심 가치는 표현만 다를 뿐 강한 믿음이라는 점에서 본질은 같습니다.

    어원을 살펴보면 그 단어가 품고 있는 노른자를 포착할 수 있는 경우가 종종 있습니다. '믿다'라는 뜻을 가진 영어 단어 'believe'의 옛말은 'beleven'인데, '사랑하다'라는 의미입니다. '나는 믿는다'라는 뜻의 라틴어 'credo'는 'cor do', 우리말로 '나의 심장을 바친다'에서 나왔다고 합니다. 그렇다면 믿음이란 '심장을 바칠 정도로 사랑한다'라는 뜻입니다. 그렇기에 열정 또는 핵심 가치, 신념 뭐라 부르든 그것은 많다고 좋은 게 아닙니다. 오히려 그 정도로 강한 믿음은 한 사람에게 많지 않으며, 쉽게 바뀌지 않습니다.

나의 존재 중심을 잡아 주는 첫 번째 힘은 성찰하는 마음입니다. 인간은 피상적이거나 단편적이지 않습니다. 오히려 한 사람의 내면은 다면적이고 심층적입니다. 그래서 열 길 물속은 알아도 한 길 사람 속은 모른다고 합니다. 다른 이의 속만 모르는 게 아니라 내 속도 알기 어렵습니다. 그래서 내 속에 내가 너무 많다고 하는가 봅니다. 그만큼 내면은 복잡하고 역동적입니다. 성찰이 필요한 이유입니다.

성찰은 '나는 누구인가?'라는 질문을 품고 자신을 들여다보고 궁리하는 과정입니다. 다르게 표현하면 성찰은 자기를 보는 마음의 시력입니다. 시력이 좋은 사람이 선명하게 보듯이, 성찰이 발달한 사람은 자신을 보다 깊이 느끼고 이해할 수 있습니다. 그래서 성찰이 성장의 원동력입니다. 물론 숨겨져 있던 내 안의 것들을 만나면 낯설 수 있습니다. 왼손잡이가 오른손을 사용할 때처럼 불편할지도 모릅니다. 이는 잠재력과의 조우에서 일어나는 자연스러운 현상입니다. 낯섦과 불편함을 견디며 꾸준히 관찰하다 보면 좋은 친구처럼 편하고 든든해집니다. 왼손잡이가 오른손을 쓸 수 있게 되면 상황과 필요에 따라 자유자재로 양손을 쓸 수 있듯이, 새로 발견한 나와 친해지면 좋은 점이 많습니다. 보다 구체적으로 말하면 성찰은 자신의 강점과 약점, 동기와 욕구를 인식하고 조절하고 활용할 수 있는 힘을 키워 줍니다.

　　나는 내 안을 보고 읽고 걷습니다. 그렇게 산책하며 주워 모은 걸 유심히 살피고 정리합니다. 자기에 대한 확장된 의식은 타인을 이해하는 데도 도움을 줍니다. 나에 대해 모르면 다른 사람의 내면은 더 모릅니다. 이와 반대로 자신을 꾸준히 성찰하면 타인에 대한 나의 관점을 이해할 수 있고, 나에 대한 타인의 관점도 파악할 수 있습니다. 역설적이게도 자기 이해가 커질수록 타인을 비롯해 존재 전체에 대한 공감 능력도 확장됩니다.

　　나는 성찰을 내면의 연금술로 정의합니다. 화학적 연금술이 돌이나 쇳덩어리같이 평범한 물질을 황금으로 바꾸는 작업이라면 내면의 연금술은 마음 안에 있는 온갖 것들을 성장의 재료로 활용합니다. 성찰은 깨어 있는 의식이기에, 우리는 성찰을 통해 자기가 어떻게 살았고 어떻게 살고 있는지 살피고, 또 앞으로 어떻게 살아야 할지 가닥을 잡을 수 있습니다. 소크라테스가 성찰하지 않는 삶은 살 가치가 없다고 말한 이유입니다.

　　내 영혼을 이끄는 두 번째 힘은 탐구심입니다. 내게 탐구하는 마음이란 깊이 파기 위해 넓게 파고, 점점 세게 파서 더 깊이 들어가는 힘입니다. 나는 무언가를 탐구할 때 활기찹니다. 한편으론 생각이 복잡해서 시행착오를 겪지만 그만큼 사고가 정교해집니다. 무언가를 깊이 탐구할 때 몰입의 정점에서 살아 있음을 느낍니다. 그래서 가장 나다울 때는 무언가를 탐구할 때입니다.

물론 아무거나 탐구하지 않습니다. 두 가지 기준이 있습니다. 먼저 사람이든 사물이든 가슴을 뛰게 해야 합니다. 여행의 목적이 여행이듯이 탐구 그 자체가 보상이 되어야 합니다. 또 하나, 내 안의 잠재력을 깨워야 합니다. 그런 주제에 몰두할수록 마음이 열리고 스스로 나아지고 있음을 자각할 수 있습니다. 이 두 조건에 맞기만 하면 그게 무엇이든 낱낱이 알고 싶습니다. 그래서 그런 테마나 인물이 마음에 들어오면 쉽게 놓아주지 않습니다. 서재와 컴퓨터에 따로 공간을 마련해 자료를 차곡차곡 모으고, 꾸준히 생각하고, 관련된 곳을 답사하고, 여러 책을 읽고 글로 정리합니다.

나의 탐구심을 가장 잘 보여 주는 증거는 지금까지 읽고 쓴 책입니다. 나는 왜 책을 읽는가? 정보와 지식을 습득하기 위해서? 기술을 익히기 위해서? 즐거운 시간을 보내려고? 조언과 답이 필요해서? 모두 틀린 말은 아니지만 가장 큰 이유는 탐구심입니다. 그럼 책은 왜 쓰는가? 내 생각을 표현하고 싶어서? 돈을 벌기 위해서? 이름을 알리고 싶어서? 모두 아닙니다. 역시 탐구심 때문입니다. 내게 읽기와 쓰기는 다른 활동이 아닙니다. 둘 다 탐구의 과정이니까요. 내게는 탐구심을 자극하는 책이 좋은 책이고, 탐구심이야말로 책 쓰기의 알파이자 오메가입니다.

살아가는 나날이 황무지처럼 가물어질 때면 늘 내 마음에 질문합니다. '무엇이 아침에 나를 일어나게 하는가? 무엇이 밤에 잠드는 걸 아깝게 만드는가?' 두 질문에 대한 답은 늘 같습니다. 탐구심과 성찰. 이 두 열정이야말로 내 삶을 이끄는 수레의 두 바퀴입니다. 달리 표현하면 성찰은 내 영혼의 중심을 잡아 주는 뿌리이고, 탐구심은 나답게 하늘을 날게 해 주는 날개입니다.

그런데 답이 정해져 있는데 왜 같은 질문을 되풀이하느냐고요? 이 단순한 행위가 정신을 깨우는 마음의 의례儀禮이기 때문입니다. 수도자들이 밥 먹을 때마다 같은 기도를 하는 것과 다르지 않습니다. 나는 내가 성찰하는 존재이며 내 일상이 탐구 생활이기를 바랍니다. 그렇게 살고 싶습니다.

"나는 아무도 따라올 수 없는 옆길로 들어섰다"

– 카를 구스타프 융

운명 같은 '그 일', 찾았나요?

나는 아무도 나를 따라오려고도 하지 않고 따라올 수도
없는 옆길로 들어섰다는 것을 분명히 다시 한번 깨달았다.
그러나 결심은 섰고, 그것은 숙명이라는 것을 알았다. (…)
나의 전존재는 진부한 생활에 의미를 부여해줄 수도 있는,
아직 알려지지 않은 그 무엇을 찾고 있었다.
— 카를 구스타프 융,『카를 융, 기억 꿈 사상』
(김영사, 2007)

얼마 전까지 백 년의 가뭄 속에 있었습니다. 장마도
실종된 듯했습니다. 그러다가 이제 며칠째 비가 내리고 있습
니다. 늦었지만 장마가 여름을 놓치고 그냥 가 버린 건 아닌
모양입니다. 비가 며칠 더 온다면 우리는 이제 그만 그치기를
바라겠지요. 비가 안 오면 안 온다고 걱정이고, 많이 내리면
너무 온다고 걱정입니다. 그것이 살아가는 모습입니다. 우리
는 아침저녁 안달하는 존재인가 봅니다.
　내 삶도 예외가 아니어서 그렇게 이 일 저 일에 마음
을 빼앗기며 살아왔습니다. 이리저리 구불대며 지나온 궤적

을 되돌아보면, 그래도 곳곳에 반전의 자취가 선명한 인생이 재미있어 보입니다. 그 변곡점들이 바로 일종의 혁명이었지요. 지금 보면 더없이 흥미롭지만, 그 당시에는 심각하고 고통스럽고 불확실했습니다. 이제 또 하나의 변곡점에 이른 것 같습니다. 긴장되지만 이것도 아주 멋진 일임을 예감할 수 있습니다. 하루의 일상, 즉 삶의 방식이 바뀌기 때문입니다.

자신의 가능성을 가지고 최고의 작품을 만들어 내는 것, 이것이야말로 한 사람이 변화의 주체로서 자신의 전 역사를 통해 성취해야 할 필생의 프로젝트임을 나는 믿습니다. 그리하여 나의 삶을 최고의 예술로 만드는 것이 내가 지향하는 인생의 목적입니다.

스위스의 정신과 의사인 카를 융의 자서전을 여러 번 읽는 동안, 앞서 인용한 구절은 나를 떠나지 않았습니다. 자신의 길을 갈 수밖에 없다는 걸 느끼는 사람의 결연함으로 읽었습니다. 그것이 결심이었는지 우연이었는지 운명이었는지 잘 모를 때도 있습니다. 이런 것들은 늘 섞이고, 또 그렇게 뒤섞여야 요동치는 삶이 만들어지는 것이니까요. 그걸 뭐라 부르든 그것이 소명이 될 때 거부할 수 없습니다. 운명을 받아들이고, 순명順命으로 온몸을 다 바쳐야 하기 때문입니다. 사람들이 덜 다닌 길이기에 때때로 외로움에 흔들리지만 결국 그 길은 세상을 조금 더 아름답게 하는 데 꼭 필요한 그 사람만의 몫과 역할이 됩니다.

조금 다르게 말하면 우주는 준비가 된 사람에게 신비롭게 운명을 알려 줍니다. 우리 역시 현실 속에서 운명적 우연을 겪습니다. 우리는 우연을 통해 자신이 누구인지 이 세상에서의 역할이 무엇인지 홀연 깨닫곤 합니다. 그렇게 찾아온 소명에 충실했던 또 한 사람, 엘리자베스 퀴블러 로스는 본인 자서전에서 다음과 같이 말합니다. 그러고 보니 이건 또 무슨 우연인지 퀴블러 로스도 융처럼 스위스 태생의 정신과 의사네요.

> 기러기는 언제 하늘을 향해 날아가야 한다는 것을
> 어떻게 알까? 누가 그 계절이 왔음을 가르쳐주는
> 것일까? 철새와 마찬가지로 인간도 분명히 알고 있다.
> 귀를 기울이기만 하면 내면의 목소리가 들린다. 분명한
> 목소리가 미지의 세계로 여행을 떠날 때임을 알린다.
> ― 엘리자베스 퀴블러 로스, 『생의 수레바퀴』
> (황금부엉이, 2009)

물론 소명이 한 번의 사건으로 선명하게 찾아오는 경우는 많지 않습니다. 그보다는 우연이 여러 얼굴로 거듭되며 우리 안의 잠재력을 하나하나 일으켜 세웁니다. 우연이 그저

우연으로 끝나고 마는 무수한 버림의 과정을 지나 때가 무르익어 감이 떨어지듯 우연은 필연적 운명이 됩니다. 스스로를 경영한다는 건 이 과정과 운명에 대한 낙관입니다. 무슨 일이 나를 찾아와도 그것은 더 훌륭한 삶의 전조임을 받아들이는 것입니다. 그리하여 '지금 여기 살아 있음', 이 초록색 인생 표지판이 항상 켜져 있도록 삶을 이끄는 것입니다. 인생은 탐구이자 모험이니까요.

　　　우연이 운명이 되는 이야기는 문학이 다루어 온 흔하고도 멋진 만남의 방식입니다. 생텍쥐페리는 소설가답게『어린 왕자』에서 융과는 다른 표현으로 소명을 이야기합니다. 어린 왕자는 사막에서 만난 조종사에게 이렇게 말하지요. "인간은 모두 제각기 별을 가지고 있어. 당신에게만 그 별은 다른 사람과는 달리 보일 거야."* 우리 모두에게도 자신만의 별이 있습니다. 이 별은 저 하늘 광대한 우주에 있는 별이 아니라 내 마음속 우주의 별입니다. 그래서 퀴블러 로스의 말마따나 내면의 목소리에 귀 기울여야 발견할 수 있습니다. 이 별이 바로 소명인데 어린 왕자는 여기에 꽃 한 송이가 살고 있다고 말합니다. 별에 꽃이 있듯이 소명에도 고유한 의미가 있으며, 그 의미를 꽃 피우는 일이 소명을 실현하는 여정입니

---

*　　앙투안 드 생텍쥐페리,『어린왕자』(삼지사, 2003)

다. 그리고 소명에 헌신하는 사람은 빛이 납니다. 그래서 다른 사람들은 그를 통해 그의 별을 볼 수 있습니다.

　소명을 뜻하는 영어 'vocation'의 어원은 'voice(목소리)'라고 합니다. 즉, 소명은 추구해야 할 목표가 아닌 '들어야 할 부름의 소리'를 의미합니다. 그런데 이 목소리의 발신지는 우리 내부임에도 좀처럼 듣기 어렵습니다. 어쩌면 너무 오래 내 안의 존재를 잊고 살아서 그런지도 모릅니다. 생텍쥐페리도 여우의 입을 빌려 어린 왕자에게 조용히 알려 줍니다. "마음으로 보지 않으면 잘 보이지 않아요. 매우 중요한 건 눈에 보이지 않아요."* 내 경험으로는 마음의 눈을 뜨는 데 질문이 아주 유용합니다. 좋은 질문은 번개 치듯 내면에 균열을 만들어 머리와 가슴을 연결해 주거든요.

　한번 자신에게 물어보기 바랍니다. 어렴풋하지만 당신의 운명이 될 것 같은 그 일은 무엇인지요? 그것, 혹은 그 느낌은 언제 어떻게 당신을 찾아왔는지요? 이 질문이 좀 딱딱하다면 생텍쥐페리의 목소리를 빌려도 좋아요. 그대 눈을 반짝이게 하는 그대 안의 별을 발견했나요? 그 별의 꽃 한 송이 아름답게 키우고 있나요?

* 같은 책

삶에는 새로운 페이지가 펼쳐져야 할 때가 있다

나는 '운명이 될 것 같은 그 일'을 인생의 가장 어두운 시기에 알게 되었습니다. 앞에서 스승은 융의 말을 인용하며 질문을 던졌는데, 놀랍게도 나 또한 융을 통해 내 운명을 엿보았습니다. 여기에는 조금 긴 사연이 있습니다.

2009년 4월 나는 잘 다니던 회사를 그만뒀습니다. 당시 회사는 계속 성장 중이었고 곧 대기업에 좋은 조건으로 인수되어 또 한 번 도약할 기회가 열리고 있었습니다. 그럼에도 나는 아무런 머뭇거림 없이 회사를 떠났습니다. 이유는 간단했는데, 바로 심신의 에너지가 바닥이 나서였습니다. 퇴사하기 전 11개월 동안 직장 생활을 하며 책 세 권을 쓴 게 번아웃의 원인이었습니다. 그렇지만 그 11개월은 참으로 기쁘고 의미 있는 시간이기도 했습니다. 말 그대로 내 모든 걸 불태운 시기였으니까요.

회사를 나오며 걱정이 없던 건 아니지만 자신감이 더 컸습니다. 분명한 목표가 있었고 내 강점과 핵심 가치를 잘 알고 있다는 확신도 있었거든요. 더욱이 이미 책 세 권을 출간했고 몇 달 사이에 두 권이 더 나올 예정이었기에, 이 성과를 발판 삼아 새로운 문들이 열릴 거라 기대했습니다. 거기에 맞춰 구체적인 계획도 세워두었고요. 그런데 시간이 지날수록 내 예상은 완전히 빗나갔습니다. 애초의 목표와 계획은 무용지물이 되어 버렸고, 충만하던 자신감도 급격하게 추락했습니다. 회사를 그만둘 때만 해도 내게 찾아올 인생의 계절은 봄이라고 생각했습니다. 조금 춥지만 부지런히 땅을 개간하고 씨앗을 뿌려야 할 때라고 믿었지요. 봄을 잘 보내면 뜨거운 여름과 풍성한 가을을 맞이하게 될 거라 기대했습니다. 그런데 몇 년 지나서 돌아보니 그때는 봄이 아닌 가을의 끝이었습니다.

운명은 찬란한 봄을 꿈꾸던 나를 인생의 겨울로 몰아붙였습니다. 나무가 혹독한 겨울을 견디며 새로워지듯 나란 존재도 그러해야 함을 그때는 몰랐습니다. 겨울이 올 거라 전혀 예상하지 못했기에 충격이 더 컸습니다. 시간이 흐를수록 마음이 점점 더 혼란스러워졌습니다. 성격이 정반대로 변하면서 외향적인 내가 집 밖으로 나가는 일이 점차 줄어들었습니다. 이 모든 건 내가 기대하던 모습과 반대였지만 알 수 없는 힘이 나를 몰아붙이는 듯했습니다. 무엇보다 나를 얼어붙게 만든 건 무가치함이었습니다. 책이 하나둘 출간되면서 처음에는 좋은 기회가 여럿 손짓하는 게 보였습니다. 드디어 문이 열리기 시작한 것이죠. 그런데 손이 가지 않았습니다. 처음엔 황당했습니다. 그 기회들은 불과 몇 달 전까지만 해도 내가 그려 둔 꿈과 강점의 교차점에 속해 있었으니까요. 매우 이상하게도 내가 지금까지 배운 것과 이룬 성과 그리고 해야 할 일들이 의미 없어 보였고, 이 모든 걸 형식적인 것으로 폄훼하는 감정에 사로잡혔습니다. 책 쓰기와 교육 프로그램 기획처럼 가슴을 뛰게 했던 일들이 무의미하게 보였습니다. 나는 점점 위축되었고 그만큼 내면은 더욱 어두워졌습니다.

처음에는 인생의 겨울을 어떻게든 피하고 싶었습니다. 그래서 겨울이 안 온 척해 보고 무시하기도 했습니다. 물론 소용없었지요. 어쩔 수 없이 삶의 겨울이 왔음을 인정한 다음에도 빨리 빠져나오기 위해 발버둥 쳤습니다. 일부러 여러 모임에 참여하고 새로운 일들을 만들었습니다. 전부 허사였습니다. 그럴수록 내면의 고통은 겨울밤처럼 깊어졌습니다. 솔직히 말하면 미칠 것 같았습니다. 시간이 지날수록 앞으로 어떻게 살아야 할지 불안했고, 내가 이상해지는 건 아닌지 두려웠습니다.

그러던 중에 한 권의 책과 만났습니다. 분석 심리학의 창시자 카를 구스타프 융의 자서전 『카를 융, 기억 꿈 사상』. 처음 이 책을 펴고 몇 페이지 읽기도 전에 이 저자에게 무언가 있다는 느낌이 들었습니다. 막연한 예감이었지만 융은 광

대한 정신을 가진 존재로 다가왔고, 나는 이 책을 꽉 붙잡아야겠다고 느꼈습니다. 당시에는 미처 예상하지 못했지만 책으로 맺은 융과의 인연은 내 삶에 큰 영향을 미쳤습니다. 나는 융의 자서전을 수시로 꺼내 읽고 그가 정립한 분석 심리학을 공부하기 시작했습니다. 아니, 공부했다기보다는 그냥 거기에 빠졌습니다. 융의 자서전을 읽은 후 방문을 걸어 잠그다시피 하고 한 달 내내 그의 다른 저작과 분석 심리학에 관한 책을 열 권 넘게 연거푸 읽었습니다. 자는 시간 빼고는 책만 읽었던 것 같습니다. 1년 넘게 나의 독서 목록은 융과 분석 심리학 서적으로 채워졌으며, 이후에도 오랫동안 융의 심리유형론에 기반을 둔 MBTI를 공부하고 전문 자격을 취득하기도 했습니다. 융의 사상은 난해하고 어려웠습니다. 그런데도 공부할수록 매혹되었고, 그와의 인연은 지금도 계속 이어지고 있습니다.

　돌아보면 융의 자서전은 내게 하나의 계시였습니다. 자연의 겨울이 찬바람에 실려 있듯이 인생에 찬바람이 몰아치면 마음도 겨울에 듭니다. 융의 인생 이야기는 얼어붙은 나의 내면에 온기를 불어넣는 모닥불이 되어주었습니다. 처음 이 책에서 본 한 구절이 지금도 잊히지 않습니다. 이 문장은 화살처럼 날아와 단단하게 굳은 내 마음밭을 뚫고 씨앗으로 자리 잡았습니다.

나의 존재 의미는 인생이 나에게 물음을 가지고 있다는
것이다. 바꾸어 말하면, 나 자신이 세계를 향해 던지는
하나의 물음이며, 나는 거기에 대한 나의 대답을 제시해야
한다. 그렇지 않으면 나는 단지 세계가 주는 대답에
의지할 뿐이다.
— 카를 구스타프 융, 『카를 융, 기억 꿈 사상』
(김영사, 2007)

그때 인생은 내게 묻고 있었던 듯합니다. '나는 누구
인가? 어떤 존재가 될 것인가? 어떻게 살 것인가?' 자신에게
질문하고 대답하라고, 그 답을 삶으로 실현하라고 말입니다.
이걸 모른 채 나는 나를 잘 안다는 오만한 착각에 빠져 세상
이 멋진 문을 열어 주길 기다리고 있었습니다. 나의 무시가
계속되자 무의식은 내가 알아챌 수 있도록 점점 강한 신호를
보내기 시작했습니다. 너는 너에 대해 그리 많이 알고 있는
게 아니라고, 모르는 게 훨씬 더 많다고. 그러니 자신을 탐구
하는 일을 멈추지 말라고 말입니다. 저 밖 세상을 향해 열릴
문을 찾는 내 앞에서 문을 닫아 버리며 내면을 들여다볼 것을
요구했고, 한 방향으로 고착된 성격을 사정없이 흔들어 작은
자아를 확장할 시기가 왔음을 일깨웠습니다. 나를 꼼짝 못 하
게 만든 무가치함은 기존의 것들에 안주하지 말고 새로운 보

물을 찾아 떠나야 한다는 신호였습니다. 융을 만나고 그의 사상을 공부하기 전까지 이런 요구를 전혀 이해할 수 없었습니다. 나중에야 나를 휘어잡은 혼란과 불안과 두려움이 무의식의 요구에 대한 '작은 나'의 거부와 저항에서 비롯된 것임을 깨달았습니다.

나는 5년 가까이 융에 관한 책을 읽고 분석 심리학을 길잡이 삼아 나 자신을 탐구하며 인생이 던지는 물음에 답을 찾아 나갔습니다. 그리고 마침내 소명이라 할만한 열쇳말을 발견했습니다. 소우주 인간을 탐구하는 '내면 탐험가Inner Explorer', 이것이 나의 소명입니다. 융은 내게 내면 탐험의 가치를 일깨워 주고 훌륭한 내면 탐험가의 전형을 보여 주었습니다. 그의 삶 자체가 내면 탐험의 역사로 볼 수 있을 정도로 그는 자기 자신을 치열하게 탐색했습니다. 융이 그랬듯이 나는 나의 방식으로 나란 소우주를 탐구하고 내 안의 무수한 길을 깊숙이 들어가 보고 싶습니다. 그리고 마음을 울리는 인물들의 삶과 내면으로도 들어가 그 안의 봉우리와 계곡, 변방과 골목길을 탐사해 보고 싶습니다. 그리하여 '내면 탐험가'이자 '인물 탐험가Human Explorer'로 내 세상 하나를 만들고자 합니다. 이것이 내 삶의 비전입니다.

겨울에 잎 하나 없는 나무는 죽은 듯 보입니다. 하지만 겨울에도 자라고 있는 나무의 여정은 나이테에 고스란히

새겨집니다. 이것이야말로 거듭나는 생명력의 비법임을 이제는 나도 알고 있습니다. 삶에는 새로운 페이지가 펼쳐져야 할 순간이 있습니다. 10여 년 전 그때는 내 인생에 새로운 페이지가 펼쳐져야 할 때였습니다. 내가 원한 모습은 아니었지만 되돌아보면 꼭 필요한 시기, 겪어야 할 일이었던 듯합니다. 융은 그 페이지를 어떻게 채워 나가야 하는지 모범을 보여 주었고, 분석 심리학은 '나'라는 미궁을 탐사하는 요긴한 도구가 되어 주었습니다. 지금도 때때로 혼란과 불안에 휩싸이곤 하지만 내 마음속에는 융의 가르침이 든든하게 뿌리내리고 있습니다. 내가 찾고자 노력하면 내 안에서 언제나 한 줄기 빛을 발견할 수 있음을 믿고 있습니다.

"불행을 찾기 위해서죠"

— 제임스 조이스

지금은 오히려 지혜로 남은 '퍼펙트 실패'는 무엇인가요?

고대 그리스의 음유 시인 호메로스가 『오디세이아』, 즉 '오디세우스의 노래'를 인류에게 들려준 이래로 서양의 지적 거장들은 오디세우스를 다양한 목소리로 변조해 왔습니다. 아일랜드의 소설가 제임스 조이스도 가장 난해한 현대 소설로 손꼽히는 『율리시스』를 썼습니다. '율리시스'는 '오디세우스'의 라틴어 이름입니다.

조이스의 『율리시스』는 고대 신화 속 영웅을 현대의 한 인간의 삶으로 데리고 왔습니다. 『오디세이아』의 주인공인 그리스의 장수 오디세우스는 집을 떠나 트로이 전쟁에 참전했다가 우여곡절을 거치며 겨우 집으로 돌아옵니다. 그의 고난은 항해 중인 배를 깨뜨리는 천둥과 번개 그리고 폭풍과 파도, 게걸스럽게 인간을 먹어 치우는 괴물들에게서 벗어나려는 분투로 상징됩니다. 조이스의 펜을 통해 오디세우스의 모험은 리오폴드 블룸이 더블린 거리를 배회하면서 겪는 하루 일상으로 전환됩니다. 신화 속 오디세우스의 이야기들은 블룸이 일상에서 체험하는 일들과 겹쳐집니다. 신화 속 괴물과 마녀는 조이스의 소설에서 술 취한 싸움꾼, 치마를 벌려 속을 보여 주는 여자, 수없이 남자를 바꾸는 가수 등으로 치환되어 등장하지요.

고향을 떠나와 다시 고향으로 되돌아가기 위해 애쓰는 신화 속 영웅처럼, 우리도 생명이 시작되어 죽는 날까지 삶이라는 두려움과 모험에 찬 여정을 살아 내야 합니다. 그런 의미에서 오디세우스의 모험은 영웅의 삶이 아니라 평범하기 짝이 없는 모든 인간의 인생과 다를 바 없습니다. 아마 이 점이 오디세우스의 이야기가 지금까지도 매력적인 소재로 살아남은 이유인 듯합니다. 나는 조이스의 작품을 읽다가 한 구절에서 눈이 커졌습니다.

블룸: 자넨 왜 부친의 집을 떠났지?
스티븐: 불행을 찾기 위해서죠.
― 제임스 조이스, 『율리시스』(생각의나무, 2011)

이 대화는 『율리시스』의 열여섯 번째 에피소드에 나오는 리오폴드 블룸과 스티븐 데덜러스의 대사입니다. 이 짧은 대화는 나이가 들어서도 가슴이 저릴 만큼 나를 몰아세웁니다. 젊었을 때는 주체할 수 없었던 나의 젊음 때문에, 나이가 들어서는 젊은 에너지가 사라져 가는 두려움 때문에, 그리고 이제는 한창때인 내 아이들 때문에 이 대화를 잊을 수 없습니다.

호르헤 루이스 보르헤스는 「후회」라는 시에서 자신은 인간이 범할 수 있는 가장 나쁜 죄를 저질렀으니, 행복하게 살지 않았다고 썼습니다. 사람이 저지르는 가장 큰 죄가 행복하지 않은 나날이어서 그런지 우리는 모두 행복을 추구합니다. 그런데 행복이란 직접 추구할 수 있는 대상이 아닙니다. 행복은 무언가에 열심히 몰두할 때 생겨나는 부산물 같은 것입니다. 나는 좋은 책을 읽을 때 행복합니다. 좋은 글을 써낼 때 행복합니다. 모자를 쓰고 꽃이 가득한 벌판을 걷는 푸르른 여행을 할 때 행복합니다. 좋은 사람과 술을 마시며 문득 통하는 이야기를 나누게 될 때 행복합니다. 그러니까 행복은 무언가에 흠뻑 빠져들어 즐길 때 느껴지는 삶의 기쁨 같은 것이지 그 자체로 쫓을 대상은 아닙니다.

사람들은 불행을 두려워합니다. 어떤 일이 생각처럼 돌아가지 않을 때, 재수 없는 일이 연거푸 일어나는 불운에 빠질 때, 혹은 하고 싶은 일이 거부될 때 불행합니다. 물론 실패에 실패를 거듭할 때도 불행하다고 느낍니다. 불행 역시 직접 추구하는 대상은 아니며, 사랑하는 사람을 잃거나 일이 정말 풀리지 않아 바닥에 털썩 주저앉고 싶을 때처럼 누구도 원치 않는 감정입니다. 그러나 그것은 언제든 우리를 찾아올 수 있습니다. 젊은 스티븐 데덜러스는 '나는 불행을 찾아 나섰지요.'라고 말함으로써 그 성패 여부와 관련 없이 자신의 삶에 적극적으로 개입합니다. 누가 뭐래도 자기 삶을 본인 힘으로 살아 내려는 의지를 표명한 것이지요. 그의 마음속에 이런 생각이 들어 있는 건 아닐까요?

'내가 하고 싶은 일을 할 거야. 때때로 그게 뭔지 몰라도 좋아. 내 마음이 소리치면 따르는 거야. 결과는 중요하지 않아. 지금, 내가 해야 한다고 믿는 일을, 바로 그것이 필요할 때, 주저 없이 달려드는 거야. 불행? 좀 불행해지면 어때!'

젊음은 노회한 시선으로 보면 실패가 불 보듯 뻔한 일을 흥미롭게 바라보다 한번 해 보려고 합니다. 불행해질 것 같아 말리고 싶습니다. 그러나 젊음은 행복해질 권리와 함께 불행해질 권리도 가지고 있습니다. 젊음은 어리석고 위험한 모험을 시도하는 것입니다. 바로 그래서 젊음이라 부르는 거지요. 현명함이 노인의 절제라면 어리석음이 젊음의 에너지입니다. 정말 문제는 젊어서 몸으로 살아 보지 못하고 미리 현명해지려는 무기력입니다.

『오디세이아』 같은 신화는 자신을 찾아 떠나는 위험한 모험을 선동하는 북소리입니다. 오디세우스는 고향으로 돌아오는 과정에서 여러 실수를 저지르고 시행착오를 겪습니다. 동시에 숱한 역경에도 집으로 귀환하기 위해 최선을 다합니다. 그리고 그 여정이 오디세우스의 삶의 절정이자 그의 정신을 도약시키는 날개를 키워 줍니다. 우리도 다르지 않습니다. 모든 인간은 자신의 살아 있음으로 자신의 인생이 무엇이었는지를 증명하는 존재가 아니던가요. 그러니 언젠가 한숨을 쉬며 말하게 되더라도 직접 살아 봐야 합니다.

삶의 여정에서 불행이 축복이 되고 상처가 영광이 되려면 꼭 하나 기억해 두어야 할 점이 있습니다. 바로 '백 퍼센트 최선을 다해 실패하라.'입니다. 최선을 다한 실패는 시시한 성공보다 열 배는 더 소중합니다. 실패는 아주 잘 배우는 또 하나의 방법입니다. 그래서 백 퍼센트 최선을 다해 실패하면 그 실패는 오롯이 내 것이 됩니다. 최선을 다하지 않은 실패는 또 다른 실패로 이어집니다. 왜 실패했는지 확실히 모르기 때문이지요. '퍼펙트 실패'만이 후회가 없습니다. 그 실패는 결코 불행으로 연결되지 않는답니다. 그 실패는 지혜와 통찰로 빛나니까요.

그대의 '퍼펙트 실패'는 무엇인가요? 지금은 오히려 지혜와 통찰로 남은 바로 그 위대한 실패는 무엇이었나요? 육십 가까이 살아 보니 질문이 깨달음의 문을 열어 줄 때가 있음을 알게 되었습니다. 내가 답을 구하기 위해 질문을 하면 질문이 답을 찾아 나서는 것이지요. 오늘 하루는 실패에 대한 관점을 바꿔 주는 질문과 더불어 지금까지의 삶에서 완전하게 실패한 경험을 찾아보면 어떨까요.

힘든 시간이 마음의 힘을 한껏 키웠다

스승의 질문을 곰곰이 생각해 봅니다. 나에게도 '퍼펙트 실패'가 있었을까? 며칠 동안 지난날들을 되짚어 봤는데 딱히 떠오르는 게 없습니다. 물론 실패한 적은 많습니다. 아주 많지요. 하지만 여기서 말하는 실패는 사소한 실수가 아니고 눈물로 가득한 실패도 아닌 '백 퍼센트 최선을 다한 실패'가 아니던가요. 그 과정과 교훈이 오롯이 밑거름이 되어 후회를 남기지 않은 실패. 어쩌면 어떤 성공보다 하기 어렵고 가치 있는 경험입니다.

내게는 그런 경험이 없나 보다 하고 질문을 내려놓으려고 했습니다. 그러다 불현듯 퍼펙트 실패에 가까운 일이 하나 떠올랐습니다. 가끔 이럴 때가 있습니다. 몰두가 이완으로 풀어지는 틈새에 밤하늘을 가르는 섬광처럼 뭔가 번쩍이는 거지요.

나는 오래전부터 '스승'이라는 주제에 관심을 가졌습니다. 책을 읽다 스승과 제자에 관한 이야기가 나오면 눈이 커지고, 누군가의 자서전이나 평전을 읽을 때면 으레 이 사람에게 스승이 있었는지, 있다면 언제 어떤 계기로 스승을 만나서 무엇을 배웠는지 유심히 들여다보곤 합니다. 스승에 관한 좋은 글귀나 사례를 모으는 걸 즐기며, 틈틈이 관련 자료를 정리해 왔습니다. 이렇게 스승이라는 키워드는 꽤 오랜 시간 마음속에서 서서히 자라났습니다. 아마 훌륭한 스승을 만나서 그와 함께한 나날이 지울 수 없는 흔적을 남겼기 때문일 겁니다.

2015년 봄, 드디어 나는 스승을 주제로 책을 쓰기로 마음먹었습니다. 이제껏 다듬어 온 생각과 모아 둔 자료를 녹여 내 출간 기획서 초안을 작성하고, 거칠게나마 목차를 세우고 서문도 썼습니다. 그동안 관련 도서를 많이 읽고 자료를 쌓아 온 덕분에 출발이 아주 산뜻했습니다.

원고를 쓰기 시작하고 두 달이 채 안 되어 15편의 글을 완성했습니다. 글을 한 편 완성할 때마다 '브런치'라는 사이트에 올렸습니다. 일종의 글쓰기 플랫폼인 브런치에 원고를 공개한 이유는 두 가지였습니다. 매일 글을 쓰기 위함이 첫 번째 이유, 잠재 독자들의 반응을 보려는 게 또 다른 이유였지요. 올린 글의 반응은 생각보다 좋았습니다. 예상보다 조회 수가 높게 나오고 호의적인 댓글도 여럿 달렸습니다. 한 대형 포털의 메인 화면에 여러 번 소개되기도 했습니다. 덕분에 글쓰기에 가속도가 붙어서 이후 6개월 넘게 큰 고비 없이 원고 작성에 매진할 수 있었습니다.

전체 원고의 70퍼센트 정도 완성했을 무렵 뜻밖의 연락을 받았습니다. 한 출판사에서 브런치에 있는 글을 보고 책으로 내고 싶다고 했습니다. 그동안 여러 권의 책을 썼지만 이런 경우는 처음이었습니다. 인터넷 서점에서 검색해 보니 10년 가까이 정기적으로 책을 출간하고 있는 출판사로, 나온 책의 만듦새도 괜찮아 보였습니다. 정말 고맙고 기분이 좋았습니다. 무명작가의 글을 읽고 선뜻 출간 제안까지 해 주었으니까요. 며칠 후 출판사 대표와 편집장을 만나 좋은 책을 만들자고 의기투합했습니다. 그야말로 일이 술술 풀렸습니다. 출판사는 바로 계약을 하고 싶다고 했지만 나는 천천히 하자고 뒤로 미뤘습니다. 이제까지 원고를 완성한 후에 출간 계약을 해 왔기에 내게 익숙한 방식을 취했습니다. 이제 원고만 열심히 쓰면 된다는 안도감과 함께 책을 꼭 내겠다는 열정도 한층 강해졌습니다. 그리고 몇 달 후 드디어 최종 원고에 마침표를 찍었습니다.

　　그런데 물 흐르듯 잘 진행된 원고는 오랫동안 책으로 나오지 못했습니다. 처음 책을 내기로 했던 출판사와 계약 조건에서 이견이 생겨서 계약이 불발되었습니다. 출판사에서 고민 끝에 내가 제시한 조건을 받아들이겠다고 했지만, 서로 생각이 다른데 무리하게 진행하면 탈이 날 것 같아 서로 합의하에 그만뒀습니다. 이 일이 있고 나서 평소에 책을 내고 싶었던 출판사를 신중하게 골라 여섯 곳에 출간 기획서와 원고 샘플을 보냈습니다. 3일이 채 안 되어 중견 출판사에서 출간하고 싶다는 연락이 왔습니다. 이번에도 일이 수월하게 풀리는구나 싶었습니다. 출판사의 의견을 반영하여 원고를 조금 다듬기로 하고, 이후에 계약하기로 했습니다. 그런데 이번에도 마지막에 일이 꼬였습니다. 수정한 원고를 출판사에 넘긴 다음 계약 직전에 출판사 대표로부터 검토 시간이 더 필요하다는 연락을 받았습니다. 이미 출간하기로 약속하고 한 달 넘게 시간이 흐른 뒤였습니다. 나는 출판사의 행동을 이해할 수 없었기에 여기서 책을 내지 않기로 결정했습니다.

다시 여러 출판사에 기획서와 원고를 투고했습니다. 출판사의 반응을 기다리는 동안에도 계속 원고를 다듬었습니다. 다시 볼 때마다 수정할 곳이 보이고, 더 좋은 자료가 눈에 들어왔으며, 새로운 아이디어도 떠올랐습니다. 덕분에 원고가 점점 탄탄해졌습니다. 투고한 출판사들 중에서 관심을 표한 곳은 여럿 있었지만 이상하게도 실제 출간으로는 이어지지 않았습니다. 처음엔 크게 낙담하고 속이 상했습니다. 하지만 차츰 다르게 생각하게 되었습니다. 아직 이 책이 나올 때가 아닌가 보다 싶었습니다. 원고도 나름의 운명이 있고 작가와 출판사 사이에도 인연이 있으니까요.

사람들에게 이 과정을 얘기하면 원고를 쓰는 데 쏟은

시간이 아깝지 않냐고 많이 묻습니다. 나는 대답합니다. 아쉬움이 없다면 거짓말이겠지만 그 시간과 노력은 조금도 아깝지 않다고. 책을 기획하고 원고를 쓰며 많이 배웠고, 우여곡절을 겪으며 스승에 관한 생각을 반복해서 살펴 정밀하게 벼릴 수 있었으니까요. 그 과정에서 마음속 스승으로 품고 있는 인물들과 함께한 경험을 정리한 일도 내게는 적지 않은 소득입니다. 다르게 말하면 스승이라는 주제에 대해 나만의 콘텐츠와 목소리를 가지게 되었습니다. 언제든 '스승'을 주제로 강의를 할 수 있으며 실제로 하고 있습니다. 스승에 관한 원고 청탁을 받으면 몇 시간 안에 끝낼 수 있습니다. 처음부터 끝까지 내 손으로 완성한 콘텐츠를 갖추고 있기에 가능한 일입니다.

나는 이 원고가 언젠가 책으로 나오리란 믿음을 잃은 적이 없습니다. 두 가지 이유가 있는데요. 하나는, 나는 여전히 한 사람의 인생에서 '그분이라면 어떻게 했을까?'라고 자신에게 물을 수 있는 거울 같은 스승이 적어도 한 명은 있어야 한다고 확신하기 때문입니다. 스승이라는 호칭은 역할 모델, 멘토, 코치 등으로 대체될지 모르지만, 스승이라는 존재의 중요성은 변함이 없기에 좋은 스승을 알아보고 어떻게 배워야 하는지 알려 주는 책이 필요합니다. 또 하나는 계속해서 원고를 고쳐 쓴 만큼 완성도도 높아지기 때문입니다. 스승을 화두 삼아 계속 사유하고 자료를 모으고, 틈틈이 기존 원고를 꾸준히 손질했기에 자신 있었습니다.

사실 나는 책을 준비한 시간을 실패로 여기지도 않았습니다. 그래서 처음에 책 작업과 퍼펙트 실패를 연결하지 못했습니다. 내가 원고를 출간하지 못하는 상황을 비관적으로 보지 않은 건 『좋은 기업을 넘어 위대한 기업으로』의 저자로 유명한 짐 콜린스 덕분이기도 한데요. 뛰어난 경영학자이자 자타가 공인하는 암벽 등반가이기도 한 콜린스는 언젠가 암벽 등반에서 배운 몇 가지 교훈을 이야기한 적이 있습니다. 그 가운데 하나가 '떨어짐fallure'과 '실패failure'를 구분하라는 것입니다. 이 두 단어의 영어 철자는 한 끗 차이이지만 뜻은 많이 다르더군요.

콜린스에 따르면 암벽 등반을 하다 보면 한계 상황에 직면할 때가 있습니다. 그러니까 본인 능력으로 더는 오르지 못할 상황에 처하는 것이죠. 이때 포기하고 내려오면 '실패'라고 말하고, 끝까지 오르려고 시도하다가 떨어져서 로프에 매달려 내려오게 되면 '떨어짐'이라고 부른다고 합니다. 콜린스는 '떨어짐'을 강조하면서, 성공은 정상에 도달하냐 못하냐가 아니라 자신이 기울인 '정신적 노력'의 질에 달려 있다고 말합니다. 그가 조명한 '떨어짐의 미덕'은 정상에 오르지 못하더라도 최선을 다해 나의 한계에 도전했기에 후회가 남지 않으며 그 과정이 온전히 체화된다는 점에서 스승이 말한 퍼펙트 실패와 일치합니다.

그래서 내 원고는 어떻게 되었냐고요? 유능한 편집자를 만나 2021년 5월 스승의 날에 맞춰 멋진 책으로 나왔습니다. 그간의 노력도 충분히 보상받았고요. 책이 나오자마자 대형 포털 도서 부문의 메인을 장식하고, 2021년 하반기 '세종도서'에도 뽑혔거든요. 같은 해 공저로 출간한 다른 책도 함께 선정되는 겹경사였습니다. 어떤가요? 이 정도면 책으로 내기까지 여러 번 넘어지면서도 포기하지 않고 원고를 쓰려 노력한 시간을 '퍼펙트 실패'라고 불러도 되지 않을까요.

이 글을 쓰기 전까지만 해도 실수나 실패라는 단어가 싫었습니다. 그런데 지금은 그동안 지나치게 실패를 피하려고만 했다는 생각이 듭니다. 무엇보다 퍼펙트 실패를 몇 번만이라도 더 했으면 좋았겠다는 아쉬움이 짙네요. 앞으로는 퍼펙트 실패를 하기 위해 도전하는 태도로 살겠다고 다짐합니다.

"철학은 숭고한 불만을 품고
미지의 세계로 나아간다"
– 윌 듀런트

그대에게 '좋은 삶'은 어떤 모습인가요?

과학은 항상 전진하는 듯한데, 철학은 늘 뒷걸음치는 것
같다. 그 이유는 철학이 과학으로는 풀지 못하는 문제들,
즉 선과 악, 미와 추, 질서와 자유, 삶과 죽음 같은 어려운
과제를 맡고 있기 때문이다. 철학은 승리의 열매를 딸인
과학에게 남겨 두고, 자신은 숭고한 불만을 품고 불확실한
미지의 세계로 계속 나아간다. 보다 전문적으로 말하면
과학은 분석적 기술이고 철학은 종합적 해석이다. 과학은
전체를 부분으로, 유기체를 기관으로, 모호한 것을 확실한
것으로 해체하려고 한다. 그러나 철학은 사실을 묘사하는
데 만족하지 않고, 사실과 경험 일반의 관계를 파악하여
그것의 의미와 가치를 밝혀내려 한다. 철학이 없는 과학은
우리를 파괴와 절망에서 구할 수 없다. 과학은 우리에게
지식을 준다. 그러나 우리에게 지혜를 줄 수 있는 건
철학뿐이다.
— 윌 듀런트,『철학 이야기』

앞서 인용한 부분은 '역사를 쓰는 철학자'를 자처한

윌 듀런트가 쓴 『철학 이야기』의 서문에서 내 마음에 들어온 내용을 축약해서 다듬은 것입니다. 그에 따르면 철학은 스스로 어려운 것을 짊어지고 고뇌하는 길을 택했습니다. 철학은 인생의 의미를 찾아 일상의 필요와 성공으로부터 무수히 얻어터지지만 굴복하지 않는 정신으로 빛납니다. 플라톤 역시 철학자를 인간이 무엇인지, 무엇을 해야 하는지를 알기 위해 노력하는 사람으로 정의했습니다. 그리하여 나는 다시 알게 됩니다. 철학이 없는 과학처럼 철학이 없는 인간도 지혜로울 수 없습니다. 철학에서 멀어지면 삶은 먹고 과시하는 저잣거리 인생으로 전락합니다. 이 세상에 성공한 사람은 많지만 그 가운데 존경받는 이는 드뭅니다. 성공했으나 천박한 자는 철학이 없기 때문입니다.

　철학의 본질은 질문입니다. 당연해 보이는 것에 질문하고, 상식이라 여겨지는 것에 질문하고, 통념에 회의합니다. 왜 그럴까요? 생각하는 방식이 그러하기 때문입니다. 독일 태생의 유대인 철학자 한나 아렌트는 살아 있다는 건 사유하는 것이라고 말했습니다. 특히 그녀는 자신이 '철저한 사유'라고 이름 붙인 '더 많은 질문을 불러일으키는 사유'를 강조했습니다. 『예루살렘의 아이히만』에서 생생하게 파헤쳤듯이 제2차 세계 대전 당시 스스로 사유하고 질문하지 않고 상부의 명령에 복종해 유대인 대량 학살을 자행한 나치의 아돌프 아이히만처럼 생각하지 않은 죄, 유죄입니다. 아이히만은 가학을 즐기는 괴물은 아니었지만 사유와 질문, 즉 철학이 없었습니다.

질문하지 않으면 답을 찾을 수 없듯이 철학이 없으면 앞으로 나타나는 숱한 갈림길을 골라 갈 수 없습니다. 철학이란 세상과 나에 대한 '나의 생각'입니다. 이해利害를 따르지 말고 자신의 철학이 길을 밝히는 등불이 되어야 합니다. 그러면 무슨 이익이 있을까요? 철학은 이익을 추구하지 않습니다. 철학은 '좋은 삶'을 추구합니다. 여기서 또 다른 질문이 떠오릅니다. '철학은 왜 우리를 복잡하게 하는 것일까?' 곰곰이 생각해 보니 철학이 우리를 복잡하게 하는 게 아니라 우리가 태생적으로 복잡한 존재가 아닌가 싶군요. 그래도 단순한 삶의 행복도 있지 않을까요? 그럴 수 있다면 그렇게 살면 되겠군요. 그러나 그럴 수 없다면 생긴 대로 살 수밖에요.

세상의 생각 대신 자신의 생각을 가진다는 것은 위험한 일입니다. 그것은 고독이라는 대가를 치러야 합니다. 고독이란 바로 나의 생각에 빠져들고 세상에 이미 알려진 상식적 삶에 질문을 퍼붓는 것이기 때문입니다. 자신의 생각은 고독을 만들고, 고독은 철학을 가짐으로써 자기다운 삶으로 나아갑니다. 따라서 우리는 철학을 공부만 할 게 아니라 나만의 철학을 만들어야 합니다. 나의 철학을 삶에 녹이고, 삶으로 철학을 받쳐주어야 합니다.

아리스토텔레스는 좋은 삶이란 에우다이모니아 eudaimonia라고 말합니다. 보통 이 단어는 행복쯤으로 번역됩니다. 그러나 행복은 직접 추구의 대상이 아닙니다. 에우다이모니아는 자신이 가장 잘할 수 있는 분야에서 내 모든 것을 끄집어내어 최선을 다할 때 찾아오는 행복감입니다. 이것이 내가 생각하는 자기다운 삶이고, 행복은 그 삶이 주는 선물입니다. 자신이 있어야 할 곳에서 자기가 해낼 수 있는 일을 결과에 상관없이 추구해 갈 때, 우리는 무한히 확장되어 나와 나 아닌 것들이 서로 어울려 춤을 춥니다. 나에게 좋은 삶의 이미지는 이런 것입니다.

찾아보니 윌 듀런트의 『철학 이야기』의 국내 번역본이 여럿입니다. 옮긴이도 물론 여러 명이고요. 유심히 살펴보니 같은 문장을 두고 번역자마다 표현과 뉘앙스가 조금씩 다르더군요. 나라면 이렇게 번역하겠다는 생각도 했습니다. 그래서 이 글의 맨 앞에 소개한 문장도 내 식대로 번역해 보았습니다. 그렇군요. 한 권의 책에 여러 번역서가 있고 또 스스로 해석할 수 있듯이, 좋은 삶도 다채로운 얼굴을 가지고 있으며 결국 우리 각자의 존재를 닮아 갑니다.

그대에게 좋은 삶은 어떤 모습인가요? 어떤 그림이어

도 좋습니다. 오롯이 나의 힘으로 활짝 꽃피우고 싶은 삶을 떠올려 보세요. 진정 내가 원하는 삶을 살려면 지금 무엇을 해야 할까요?

.

작은 기쁨과 감탄이 일상에 흐르는 삶

언젠가 스승은 이렇게 말한 적이 있습니다. "나는 내가 누구인지 알았고, 내가 왜 여기에 있는지 알았고, 거기에 삶의 의미를 부여할 수 있었고, 그래서 거기에 내 인생 전부를 썼다." 나는 어디서 저런 확신이 나오는지 궁금했는데, 이번 편지를 여러 번 읽으며 자연스레 알게 되었습니다. 스승은 자신의 철학과 에우다이모니아에 충실했기에 자기다운 삶을 살 수 있었습니다. 그럼, 나는 어떤지 돌아봅니다.

'나는 어떤 삶을 진정 원하는가?'
'다른 누가 아닌 내가 생각하는 좋은 삶이란 무엇인가?'

내가 원하는 삶에 대한 몇 가지 정의를 가지고 있습니다. 그중 하나가 '작은 기쁨과 감탄이 일상에 흐르는 삶'입니다. 소소한 기쁨을 발견하며 살고 싶습니다. 그렇게 살기 위해 노력하는 게 또한 즐겁습니다. 내게 행복은 기쁨이 선사하는 선물이고, 좋은 삶은 일상 속에서 작은 기쁨을 찾아내고 내 손으로 가꾸는 것입니다. 그리고 기쁨이란 무언가에 가슴이 두근거리고 미소 짓고 흠뻑 빠지는 거라 생각합니다.

언제 행복한지 내 일상을 더듬어 봅니다. 봄날 벚꽃 터지듯 몇 장면이 피어오릅니다. 가장 먼저 좋은 책을 읽을 때가 떠오릅니다. 좋은 책은 좋은 친구입니다. 그래서 절판되어 구하지 못했던 책을 우연히 헌책방에서 발견하면 그리운 이를 만난 듯 몹시 기쁩니다. 예전에는 명쾌한 책, 명료한 이론과 실용적 방법론을 잘 정리해 둔 책을 좋아했습니다. 지금은 영감을 밝히고 마음을 열어 주는 책에 손이 갑니다. 답보다 질문하게 만드는 책, 명쾌한 메시지도 좋지만 생각할 거리를 주는 책을 더 선호합니다.

나는 걷는 걸 즐깁니다. 같은 동네도 걸을 때마다 무언가 새롭게 발견하기에 여러 번 걸어도 지루하지 않습니다. 오래된 동네와 골목길을 특히 좋아합니다. 긴 세월의 흔적을 입은 동네를 걸으면 마음이 푸근해집니다. 낡고 좁은 골목길을 보면 가슴이 설레고 그 안으로 걸어 들어갈 때마다 희열을 느낍니다. 내가 태어나고 자란 서울 한남동의 골목길부터 크로아티아 스플리트의 고대 로마 시대에 형성된 골목길, 이탈리아의 중세 도시 아시시의 고졸한 골목길에서도 같은 기쁨을 느낍니다. 골목길을 거닐며 잊고 있던 내 안의 나와 대화를 나누곤 합니다. 그래서일까요, 골목길을 걷다 보면 불현듯 과거의 한 장면이 펼쳐지거나 새로운 생각이 떠오를 때가 많습니다. 그래서 걸으면서 종종 메모를 합니다.

또 하나, 소소하게 선물하는 걸 좋아합니다. 선물은 특별한 날에만 하는 게 아니라 선물이 그 순간을 특별하게 만든다고 생각합니다. 내 경험으로는 우연히 받은 선물이 여운이 짙습니다. 그래서 계획 없이 선물을 준비하고 우연한 기회에 전하곤 합니다. 주로 내가 일상에서 사용하는 물건 중에서 유용한 것을 고릅니다. 책갈피, 머그 컵, 와인, 필기구, 독서대 같은 것들이지요. 상대가 좋아할 만한 물건을 알게 되면 기억해 두었다가 선물하기도 합니다. 사실은 누군가에게 선물 같은 존재가 되고 싶은 욕심이 있습니다. 그럴 엄두가 나지 않아서 대신 선물하는 걸 즐기나 봅니다.

선물에 관한 소소한 철학을 가지고 있습니다. 바로 선물과 뇌물의 차이입니다. 뇌물에는 준 것 이상의 무언가를 돌려받으려는 속셈이 들어 있습니다. 그래서 바라는 게 클수록 주는 것도 크고 화려합니다. 같은 이유로 뇌물을 준 사람은 절대 잊지 않고, 받은 사람은 최대한 모른 척합니다. 선물은 정반대입니다. 선물에는 보상이 아닌 관심과 애정이 흐릅니다. 그래서 준 사람은 쉽게 잊고, 받은 사람은 잘 기억합니다. 선물에 담긴 순수한 정은 아주 부드럽게 마음에 안착하니까요. 선물을 준비할 때면 잠시 선물과 뇌물의 차이를 헤아려 보고, 또 누군가에게 선물하고 나서도 그 일이 계속 떠오르면 그것이 순수한 마음이었는지 스스로 살펴봅니다.

　　에우다이모니아를 '가장 잘하는 것에 최선을 다함'이라고 말할 수 있다면, 내가 가장 잘할 수 있는 활동은 글쓰기입니다. 남들보다 잘할 수 있다는 뜻이 아니라 내가 할 수 있는 것 중에서 가장 잘할 수 있다는 의미입니다. 나는 다른 작가와 경쟁하지 않습니다. 대신에 과거의 나와 경쟁합니다. 이 또한 나의 철학입니다. 치열하게 경쟁할수록 '오늘의 나'는 '어제의 나'보다 나아집니다. 다른 무엇보다 글쓰기에서 에우다이모니아를 추구하는 이유입니다.

　　글쓰기는 내게 고통이자 희열입니다. 글쓰기가 수반하는 고통은 글쓰기의 황홀을 더 크게 합니다. 처음에 엉성하던 글을 여러 번 고쳐서 점점 좋아질 때 짜릿합니다. 초고와 완성본이 완전히 다를 때도 있습니다. 그때마다 글쓰기를 통해 마음이 커지고 사유가 깊어지고 있음을 체감합니다. 흩어져 있던 자료와 연결될 거라 예상하지 못했던 조각들이 새롭게 만나고, 모호하게 잠재해 있던 무언가가 통찰력 있는 메시지로 도약할 때 가슴이 뜁니다. 알아서 쓰는 것 같지만, 이런 일은 쓰는 과정에서 예기치 않게 일어나는 수가 많습니다. 그래서 글쓰기는 지도를 따라가는 여행이 아닌 나침반 하나 들고 떠나는 탐험입니다.

　　난 행복을 마다하지 않지만 좇지는 않습니다. 책을 읽

고 글을 쓸 때 행복하기를 바라지 않습니다. 행복을 위해 걷지도 않습니다. 물론 독서, 걷기, 글쓰기 모두 소중합니다. 바로 그래서 아무런 보상이나 대가를 바라지 않습니다. 그 자체로 이미 기쁨이니까요. 그저 이 모든 것에 흠뻑 빠집니다. 어제 읽은 책을 떠올리지 않고, 어디로 발걸음을 옮길지 고민하지 않으며, 내일 쓸 글도 생각하지 않습니다. 그저 교감하고 공명합니다. 그러다 보면 어느샌가 시간이 사라지고 나란 자아도 희미해집니다. 온전히 지금 여기 살아 있습니다.

니코스 카잔차키스는 행복은 포도주 한 잔, 밤 한 알, 허름한 화덕, 바다 소리처럼 참으로 단순하고 소박한 것이며, 단순하고 소박한 마음이 행복의 문을 연다고 말했습니다. 행복은 대단한 게 아닐지도 모릅니다. 삶 역시 거창한 게 아닐지도 모릅니다. 지혜로운 이들이 한결같이 말하듯이 행복은 지금 여기에 있고, 모든 하루는 유일한 날이며, 순간순간이 새롭게 시작할 수 있는 기회입니다. 오늘 하루에서 작은 기쁨을 하나둘 발견하고, 만들고, 나눌 수 있다면 그 하루는 특별합니다. 내일과 또 내일에서 그럴 수 있다면 앞날들 역시 오늘과 다르게 빛날 겁니다. 그런 하루가 강물처럼 흐를 때 일상은 풍요로워지고 존재는 새로워집니다. 이 역시 내 마음에 심어 둔 철학입니다.

가만히 관찰해 보니 내가 아는 행복한 사람들은 두 가지 믿음을 가지고 있더군요. 기쁨은 자기 안에 자리하고 있다는 믿음과 작고 단순한 것에 행복이 있다는 믿음. 다르게 말하면 행복한 사람은 자기 안에서 기쁨을 찾을 수 있는 눈과 작은 것에서 아름다움을 볼 수 있는 눈을 가지고 있습니다. 이 두 개의 눈으로 내면과 외면을 보고 느낄 수 있기에 안팎으로 행복할 수 있습니다. 그렇다면 그 눈을 어떻게 뜰 수 있을까요? 무엇엔가 순수하게 집중하고 몰입하는 과정을 통해서 안목을 갖추게 될 것이라는 법정 스님의 말씀에서 나는 실마리를 찾았습니다. 오늘도 책을 읽고 글을 쓰고 길을 걷습니다. 이 세 가지를 할 때만큼은 오롯이 열중합니다. 이러한 활동과 존재 양태가 마음과 하루의 결을 만듭니다.

"거침이 없는 사람은 한 가지 길로 나고 죽는다"

─『화엄경』

내가 만일 나무라면 어떤 나무일까요?

"모든 것에 거침이 없는 사람은 한 가지 길로 나고 죽는다."
"마음의 밖에 법法이 없는 걸 어찌 따로 구하리요.
나는 당나라에 들어가지 않겠네."*
― 고운기, 『우리가 정말 알아야 할 삼국유사』
(현암사, 2006)

창가의 감나무 하나, 나는 이 나무가 어렸을 때부터
보아 왔습니다. 10년 넘게 식당 앞 창가에 서서 점점 커지더
니 올해는 다른 해의 두 배도 더 되는 감을 주렁주렁 달고 있
습니다. 초여름 꽃 진 자리에 손톱만 하게 생겨나던 푸른 열
매가 장마에도 떨어지지 않고 점점 커 오르다 서서히 익어 붉
어지면서 깊어 가는 가을 길을 기쁘게 따라나서는 모습을 날

---

* "모든 것에 거침이 없는 사람은 한 가지 길로 나고 죽는다."라는 말은 『화
  엄경』에 나옵니다. "마음의 밖에 법法이 없는 것을 어찌 따로 구하겠는가.
  나는 당나라에 들어가지 않을 것이네."라는 말은 원효가 의상에게 한 말
  로 『송고승전宋高僧傳』 의상 전기에 나옵니다. 여기서는 고운기가 쓴 책
  에서 재인용했습니다.

마다 창가에 앉아 밥을 먹으며 바라보았습니다. 부디 내 삶도 저러하기를 소망하면서.

창가에 앉아 감나무를 보다 어떤 열매를 가졌느냐에 따라 그 나무의 이름이 달라진다는 사실을 깨닫고 웃었습니다. 감을 달고 있어서 감나무고, 포도를 달고 있으니 포도나무고, 사과를 달고 있으면 사과나무입니다. 문득 물어봅니다.

'나는 무슨 나무일까?'

예쁜 가을 사과를 보며 한때 나는 사과나무가 되고 싶었습니다. 그러나 과수원에 있는 나무를 보는 순간 싫어졌지요. 작은 키에 잔뜩 가지를 벌려 낮게 드리우도록 변형된 모습이 안타까웠거든요. 산에서 홀로 우뚝 선 붉은 낙락장송을 보고 그렇게 되고 싶었던 적도 있습니다. 그러나 너무 외로워 보여 나와 맞지 않는다고 생각했습니다. 나는 그렇게 고고한 사람이 아니니까요. 이제는 그저 한 그루의 벚나무였으면 좋겠다고 생각합니다. 꽃으로 온 천지의 봄을 화사하게 알리다가 버찌를 잔뜩 달고 봄을 보냅니다. 여름 내내 푸르게 서 있더니 가을이 시작되면 벌써 단풍이 듭니다. 삽시간에 단풍이 들더니 삭풍이 불면 와르르 떨어져 가장 빨리 겨울을 맞을 준비를 합니다. 그리고 다음 해 봄에 다시 그 화려한 존재로 피어납니다. 봄이 되면 얼마나 설레는 마음으로 벚꽃 피는 일주일을 기다렸던지요. 나는 내 삶이 벚나무이기를 바랍니다.

　　나무가 그렇듯이 사람도 제각각 저만의 인생을 살아가게 마련입니다. 원효와 의상은 비슷한 시대에 태어나 한국 불교의 두 기둥이 되었지만, 두 사람은 날 때부터 다른 두 그루의 나무였습니다. 두 사람이 당으로 법을 구하기 위하여 유학을 가는 중에 일어난 '해골바가지 물' 사건은 진위가 모호하지만 둘이 서로 얼마나 다른지 잘 보여 줍니다. 삼국 시대 신라의 진골 귀족 출신으로 반듯하고 냉철한 의상은 그까짓 해골바가지 물 따위에 마음이 흔들리지 않습니다. 그리하여 그는 당의 화엄종 제2조인 지엄에게 배운 뒤 귀국해, 교단을 만들고 화엄을 전교하고 해인사와 부석사, 화엄사 등 10대 사찰을 세웠습니다. 원효는 다릅니다. 잠결에 목이 말라 마신 그렇게 달던 물이 사실은 욕지기 나는 물임을 알고 홀연 마음의 밖에 법이 없음을 깨닫고 유학의 길에서 돌아섭니다.

　　원효의 어머니는 일하러 가다 산기를 느껴 길가 밤나무 아래서 원효를 낳았습니다. 출생부터가 낮은 곳에서 태어난 원효는 사건이 생길 때마다 이리저리 휘둘리며 깨닫습니다. 사랑도 그렇습니다. 의상을 사모한 산동의 아름다운 여인 선묘는 죽어서 용이 되어 의상의 귀국길을 지켜 주다 영주 부석사 선묘각 속의 영정으로 남게 되었습니다. 의상은 반듯한 스님답게 사랑도 단정하게 합니다. 그에 비해 원효에게 사랑은 폭풍입니다. 그는 그저 우리와 마찬가지로 상대의 살맛을 보아야 하는 사람이었습니다. 그는 파계하고 요석궁의 요석 공주를 취하여 설총을 낳게 됩니다. 의상은 늘 꼿꼿하고 원효는 늘 흔들립니다. 그래서 의상은 '법사法師'가 되고, 원효는 대중의 삶 속으로 깊이 스미는 토착 불교의 '새벽'이 되었습니다. 『삼국유사』의 저자 일연 스님은 원효를 성사聖師라고 불러 높였지요. 계율과 선악 따위는 이미 그 위대한 삶 속에서 다 녹아 버렸습니다.

　　사람은 생긴 대로 살게 마련입니다. 밤나무는 밤나무의 삶을 살고 감나무는 감나무의 삶을 삽니다. 불평하지 않습니다. 그저 매일 열심히 자라 해마다 더 많은 밤과 감을 생산해 냅니다. 인간도 그렇습니다. 의상이 원효여서도 안 되고 원효가 의상이어서도 안 됩니다. 원효는 원효여야 하고 의상은 의상이어야 합니다. 그것이 자연에 맞는 삶입니다. 저 생긴 대로 살게 되어 있다는 말처럼 우리를 편하게 해 주는 위로는 없습니다. 직장에서 또 가정에서 주어진 역할을 해내기 위해 모두가 똑같은 연장이 되어서는 안 됩니다. 어디에 있든 가장 자기다울 때 가장 풍성하게 기여하기 마련입니다. 좋은 감나무인데도 열심히 자신을 키우지 않아 감을 주렁주렁 달지 못하는 감나무가 있다면, 자신을 사랑하지 않는 것입니다.

삶에는 정해진 목적이 없습니다. 삶의 유일한 목적이 있다면 삶 자체입니다. 여행의 목적이 목적지에 닿는 게 아니라 여행 자체인 것과 같습니다. 마찬가지로 만일 화려한 결과만을 위해 산다면 그것은 감나무를 키운 이의 마음이지 감나무의 마음은 아닙니다. 좋은 삶 그 자체가 훌륭한 결실입니다. 주변에서 눈에 띄는 나무 살피며 한번 물어보세요. 내가 만일 나무라면 어떤 나무일까요? 어떤 꽃과 열매를 꿈꾸고 있나요?

내 안에서 자라고 있는 나무 한 그루

스승의 편지에서 '내가 만일 나무라면 어떤 나무일까?'라는 질문을 보자마자 가장 답하기 어려운, 아니 도저히 답할 수 없는 질문이겠구나 싶었습니다. '퍼펙트 실패'를 비롯해 다른 질문들도 어렵긴 했지만 그래도 이제껏 실패한 경험이 많고 또 그 답이 결국에는 내 안에 있으니 어디를 집중적으로 살펴야 하는지 감은 있었습니다. 그런데 나무라니요? 나무는 도무지 어디서 시작해야 할지 막막했습니다. 극단적인 '식물치'인 나는 나무에 대해서 아는 게 정말이지 없거든요. 그런데 편지를 여러 번 읽어 보니, 직접적으로 언급한 건 아니지만 스승은 나무를 물리적 나무보다는 사람에 대한 은유, 특히 자기다움을 함축하고 있는 상징으로 바라보고 있음을 알게 되었습니다.

나무를 사람을 비추는 하나의 상징으로 보는 건 지금 생각하면 자명한데 처음 '나무 질문'을 접했을 때는 눈치채지 못했습니다. 그러고 보니 스승은 종종 상징의 중요성을 이야기하곤 했습니다. 그중 하나만 소개해 보겠습니다. "상징을 가지고 있는 사람은 가장 어려운 곳에서도 쉽게 포기하지 않는다. 정신적으로 모멸당하지 않기 때문이다." 가령 탐험가라는 상징을 품고 있는 사람은 위험한 곳을 향해 스스로 떠나고, 고난을 감수하고, 불편함을 즐기기까지 합니다. 그것이 탐험의 본질이기 때문입니다. 그러니까 확실한 자기 상징을 가진 사람은 난관에 직면해도 무너지지 않고, 다른 이들의 평가에 쉬이 좌지우지되지 않는다는 게 스승의 믿음이었습니다. 이처럼 나무를 나의 본질을 보여 주는 일종의 거울로 생각하자, 마음에 불이 켜졌습니다. 그리고 잊고 지낸 장면 하나가 떠올랐습니다.

2014년 3월의 어느 날이었습니다. 계절은 봄으로 접어들었지만 날씨는 여전히 겨울이었습니다. 이날도 하늘은 맑았지만 바람이 심하게 불고 기온도 낮았습니다. 꽃샘추위에 옷깃을 여미며 서울 광화문 근처를 걷는데 꽤 큰 화분에 심어진 나무 한 그루가 눈에 들어왔습니다. 나무를 보는 순간 그 주위가 밝아지고 내 마음도 환해졌습니다. 추운 날씨에도 꽃을 활짝 피웠기 때문입니다. 꽃향기는 은은하고 흰 꽃이 햇살을 받아 눈처럼 반짝였습니다. 나무 한 그루에 봄이 다 들어와 있는 것 같았습니다.

키는 5미터가 채 안 되고 몸통도 한쪽 팔로 감싸 안을 수 있을 정도로 크지 않은 나무였습니다. 그런데도 무언가 고졸한 기품이 느껴졌습니다. 화분 주위를 여러 번 돌며 나무를 유심히 보고 사진도 몇 장 찍었습니다. 도심에서 흔하게 볼 수 있는 나무가 아니었는데, 평소 식물에 아무런 관심이 없는 나는 나무의 이름을 알 수가 없었습니다. 얼마 후 지인에게 나무 사진을 보여 주니 매화라고 알려 주더군요.

그 이후로 매화나무가 유독 눈에 잘 들어왔습니다. 아마 나무의 이미지가 마음에 선명하게 남아서 그런가 봅니다. 그때부터 3월은 내가 가장 좋아하는 달이 되었습니다. 3월은 겨울과 봄의 경계인데 남도에는 벌써 매화가 만발합니다. 이때쯤 되면 매화를 보고 싶어서 남도로 여행을 떠나곤 했습니다. 여행을 가지 못할 때는 집 근처를 산책하며 매화를 찾아보곤 했습니다. 그동안 숱하게 지나쳤음에도 보지 못했을 뿐 우리 동네 곳곳에도 매화가 살고 있었습니다.

나는 지금도 식물에 관심이 없습니다. 여전히 나무의 종류를 구별하지 못하고 꽃 이름도 못 외웁니다. '그런 내가 왜 매화를 좋아할까?' 이 세상에 수많은 나무가 있는데 왜 하필 매화인지 궁금했습니다. 물론 매화는 겉모습과 향기도 매력적입니다만 다른 이유가 있는 듯합니다. 어쩌면 그 이유를 알고 싶어서 매화를 찾아다니며 보고 또 보는 걸지도 모르겠습니다.

스승의 질문과 연결 지어 보니 매화는 내게 식물의 한 종류를 넘어 하나의 상징으로 다가옵니다. 상징은 기호나 부

호가 아닙니다. 기호와 부호는 뜻이 명료해서 문자로 표현할
수 있습니다. 예를 들어 교통 표지판은 교차로 표시나 직진
신호처럼 각각 하나의 뜻을 가지고 있습니다. 그에 비해 상징
은 다층적으로 해석될 수 있고 하나 이상의 의미를 내포하고
있습니다. 50년 넘게 상징을 연구한 카를 융은, 상징은 통상
적인 의미 외에 다른 의미를 함축하고 있는 무엇이며, 인간의
삶에 의미를 부여한다고 말했습니다. 루마니아 출신의 종교
학자 미르체아 엘리아데도 상징이 정신적인 삶의 본질을 이
룬다고 강조했습니다. 그러므로 한 사람에게 중요한 상징은
그의 마음에 중요한 무언가를 일깨우고 메시지를 전합니다.
그렇다면 내 안에 아직 내가 모르는 매화와 같은 무언가가 있
다는 말 아닐까요. 그게 없다면 많은 나무 중에 매화와 감응
하지도 않았을 테니까요.

매화를 상징으로 받아들이면서 관련 정보를 찾아보
니, 나무를 자기 자신을 들여다보는 거울로 여긴 사람이 적지
않다는 걸 알게 되었습니다. 자연주의 사상가 헨리 데이빗 소
로우는 소나무의 그윽한 향기와 곧추선 자세, 참나무의 강건
함에 매혹되었습니다. 그는 한 친구에게 자신이 죽고 나면 가
슴에 묻혀 있던 참나무가 돋아난 걸 보게 될 거라고 고백했으
며, 1852년 4월에 쓴 일기에서는 소나무가 자기 인생의 상징
이라고 선언하기도 했습니다. 소로우가 그 유명한 월든 호숫

가에 직접 오두막을 지을 때 소나무로 기틀을 세우고, 참나무로 마루를 깔고 지붕을 얹은 것도 우연만은 아닐 겁니다. 그는 다른 누군가가 아닌 자기 자신이 되기를 원했습니다. 그래서 젊은 시절 소나무와 참나무로 둘러싸인 공간에서 세상의 요구가 아닌 자기 본질에 충실한 삶을 실험하고, 이후에도 사회의 기준이 아닌 자신의 철학과 개성을 활짝 꽃피우며 살았습니다. 소로우는 다른 사람들에게도 각자 자기답게 살기를 권했습니다. 『월든』에서 그는 이렇게 목소리를 높였습니다.

> 어떤 사람이 자기의 또래들과 보조를 맞추지 않는다면,
> 그것은 아마 그가 그들과는 다른 고수鼓手의 북소리를 듣고
> 있기 때문일 것이다. 그 사람으로 하여금 자신이 듣는
> 음악에 맞추어 걸어가도록 내버려 두라.
> 그가 꼭 사과나무나 떡갈나무와 같은 속도로 성숙해야
> 한다는 법칙은 없다.
> — 헨리 데이빗 소로우, 『월든』(강승영 역, 은행나무, 2011)

나는 소로우의 책을 모아 둔 내 서가에 작은 도토리를 하나 놓아두었습니다. 나무의 삶은 꽃과 열매만이 아닙니다. 이 둘은 나무의 중요한 일부인 동시에 짧은 한 시절일 따름입니다. 모든 나무는 씨앗에서 시작합니다. 나무의 본질은 작은

씨앗에 들어 있습니다. 씨앗에서 나무가 되어 가는 과정이 곧 나무의 삶입니다. 인간처럼 나무도 태어나는 시공을 선택할 수 없습니다. 씨앗은 주어진 자리에 붙박여 싹을 틔우고, 햇살을 받아들이고, 작은 뿌리로 물과 양분을 흡수합니다. 때로는 더위에 지치고 추위에 떨고 폭풍과 가뭄에 시달려야 할 때도 있습니다. 그 어려움을 생략할 수 없고, 건너뛴다고 좋은 일도 아닙니다. 나무는 겨울에도 자랍니다. 힘든 시절을 견디며 더 성숙합니다.

내가 바깥세상에서 만난 매화나무도 일종의 상징입니다. 상징은 암시이자 영감입니다. 현실의 땅에 뿌리내리고 살아 있는 나무는 내 안에 심겨 있는 매화 씨앗의 미래 모습을 보여 줍니다. 어쩌면 상징 자체가 씨앗입니다. 내면에 결정적 상징이 하나 자리 잡으면 존재는 상징을 닮아 가고 삶은 상징의 길을 따라 흘러가니까요. 그렇다면 삶은 '영혼의 상징'을 발견하고 해석하고 자신에게 적용하여 살려 나가는 과정인지도 모릅니다.

이렇게 글을 쓰다 보니 내 안의 매화나무를 키워 나가고 싶다는 열망이 가슴을 가득 채웁니다. 서재에 매화를 위한 공간을 마련해 두었습니다. 거기에 관련 서적과 함께 매화 나뭇가지, 매해 봄에 만나는 매화를 위한 꽃병도 자리하고 있습니다. 앞으로 오랫동안 매화나무를 만져 보고 관찰하고 그 목소리에 귀 기울이며 대화하고 싶습니다. 청아한 매화나무 한 그루 마음에 품고 여행하고 매화에 관한 책을 읽을 겁니다. 그렇게 밖에서처럼 안에서도 성실하게 매화나무 하나 가꾸 겠습니다. 이것 또한 진정한 나에게로 가는 길이라 믿습니다.

"다른 삶의 방식도 존재한다는 가능성을
보여 주는 것이 나의 임무다"

– 헤르만 헤세

여행 중에 삶을 바꾼 질문을
만나 본 적 있나요?

이 세상에 하나의 아름다움, 하나의 모범을 제시하는 것,
다른 삶의 방식도 존재한다는 가능성을 보여 주는 것,
이것이 나의 임무다.
― 헤르만 헤세, 『데미안』

젊은 시절에 이 문장을 만났습니다. 그래요. 헤세는
내 청춘의 일부였습니다. 그를 읽을 때 가슴이 뛰었고, 내 정
신은 타올랐으며, 슬픈 사랑은 흐느꼈습니다. 나를 잃고 달콤
한 방황에 빠졌을 때 헤세는 위로와 힘이었고, 따분한 일상을
뛰어넘게 하는 새로움이었습니다. 젊은 내게 헤세는 자기다
운 삶을 사는 모범으로 생생한 가능성을 보여 주었습니다. 동
시에 이것을 실현하는 과정이 가치 있고 어려운 일임을 알려
주었습니다. 하나의 세계가 새로 태어나기 위해서는 지금의
세계가 깨져야 하고, 내 안의 악과 선은 한 덩어리여서 서로
가 서로를 힘껏 끌어안고 갈등하고 사랑하고 기뻐하는 일체
임을 보여 준 것도 헤세였습니다.

헤세로부터 멀어지면서 내 펄펄한 청춘도 미진한 방황을 접고, 가정을 이루고 아이를 키우고 출근하고 퇴근하는 일상의 반복을 할 일 없는 파도처럼 들락이며 살고 있었답니다. 그러다가 회사를 그만두고, 인생 2막의 황홀한 두 번째 청춘 속에서 또 다른 가능성으로 살아 보기 위한 모험을 10년 넘게 즐기고 있습니다. 얼마 전 다녀온 이탈리아 시칠리아의 풍경이 떠오릅니다. 시칠리아섬 동쪽 기슭에 자리한 타오르미나에서 연기를 뿜으며 타오르는 에트나 화산을 지켜보고, 아그리젠토에서 석양을 등진 고대 그리스 신전의 기둥을 바라보며 지금껏 살아온 시간을 돌아보고 앞으로 펼쳐질 날들을 그려 보았습니다. 나는 조용히 내게 말했습니다.

"나의 삶은 온갖 수수께끼를 품은 질문 가득한 여행이 될 것이다. 나는 사랑으로 이 질문들에 응답하리니, 내 영혼은 고대부터 이어지는 위대한 질문들에 환호하고 그리하여 내 삶은 늘 돛을 올리고 떠나가는 모험으로 가득 채워지리라."

나는 이제 압니다. 삶 자체가 여행입니다. 그래서인가 봅니다. 여행을 하다 보면 자연스레 자기 존재를 들여다보게 됩니다. 생명이 시작할 때 죽음도 같이 시작됩니다. 인생이 중반에 이르면 생명의 양과 죽음의 양은 절반씩 인생을 양분

합니다. 마치 낮과 밤처럼. 하루가 빛과 어둠으로 만들어지고, 삶이 생명과 죽음으로 짜여 있다는 게 재밌습니다. 탄생과 소멸이 인생의 전부가 아니듯 여행 역시 출발지와 목적지 이상입니다. 종종 뜻깊은 여행은 소중한 질문을 품고 정신적 목적지를 탐색하는 여정입니다. 이때 여행은 낯선 공간과 새로운 풍경을 벗 삼아 질문과 해답 사이를 걷는 길입니다.

헤세는 자신을 방랑자로 여길 정도로 여행을 무척 좋아했습니다. 그는 「여행의 노래」라는 시에서 이 세상을 두루 돌아다니는 것보다 더 큰 희열은 없다고 노래하기도 했지요. 헤세에게 여행은 '내면으로의 길', '진정한 나에게 다가가는 길'이었습니다. 그의 목적지는 외부의 어떤 공간이 아닌 내면에 숨어 있는 새로운 자신이었고, 여행을 통해 자기 운명의 별을 발견하고 따를 수 있음을 믿었습니다. 헤세의 소설 속 주인공 대부분이 익숙한 일상을 떠나 모험의 길에 서는 건 우연이 아닙니다.

헤세의 여행처럼 어떤 의미에서는 우리가 하는 여행도 진정한 나를 찾아 가는 여정인 것 같습니다. 나도 다르지 않습니다. 20년 다닌 회사를 그만두며 내가 처음 한 일은 홀로 떠난 남도 여행이었습니다. 나는 커다란 배낭을 메고 50일 가까이 별 계획 없이 발길 닿는 대로, 지명이 유혹하는 대로, 문득 머릿속의 한 기억을 찾아서 마음대로 떠돌았습니다. 혼

자 거닐며 오랫동안 써 온 직장인이라는 가면을 벗어 버리고
자 했습니다. 그동안 일상을 지배해 온 습관을 버리고 내 속
에 숨어 있는 자유로운 영혼을 끄집어내고 싶었지요. 매일 무
거운 배낭을 메고 20킬로미터 남짓 걸으며 나 자신에게 새로
운 인생을 시작할 준비가 되었는지 묻고 또 물었습니다. 결정
을 번복하기 위해서가 아니라 계속 묻고 물어서 더 이상 월급
쟁이 마인드가 아닌 스스로를 고용하고 경영하는 주체로서
의 마음가짐을 키우기 위해서였습니다. 여행을 다녀온 후 나
는 '변화경영연구소'를 설립하고 1인 기업가로 새로운 인생을
시작했습니다.

　　여행은 익숙한 것과의 결별이며 낯선 곳에서 아침을
맞는 것입니다. 여행은 마음으로 하여금 공간과 시간을 넘어
물처럼 바람처럼 흐르게 하는 것입니다. 정신을 풀어놓고 마
음을 열어 놓는 일이지요. 세상과 조금 거리를 두고 무리와
대세로부터 한 걸음 떨어져 나와 나를 보는 것이지요. 그러니
까 우리가 하는 여행은 저 밖을 향하는 동시에 우리 안으로의
떠남이기도 합니다.

　　헤세도 나도 어떤 동경에 이끌려 여행을 떠났습니다.
아마 그대도 다르지 않을 겁니다. 이 동경은 여행을 떠나기
전에는 아련한 그리움으로 가슴을 방황하다 여행 중에 불현

듯 하나의 질문으로 결정화되곤 합니다. 내 안으로 들어갈수록 오직 자신을 태우는 등불로 길을 밝혀야 하는데, 여행 중에 만난 질문이 그 등불이 되어 주곤 합니다. 한번 자신에게 물어보기 바랍니다. 여행 중에 삶을 바꾼 질문을 만난 본 적 있나요? 그 질문에 그대는 어떻게 응답했나요?

여행은 자기 자신을 되찾기 위한
질문의 여정

  헤세처럼 스승도 여행을 좋아했습니다. 40대 후반에 접어들면서는 매년 두 차례 꽤 긴 여행을 다녀오곤 했습니다. 그에 비해 나는 젊은 시절 여행을 좋아하지 않았습니다. 집 나가 봐야 고생이란 생각이 강했고, 여행 말고도 만날 사람과 할 일이 넘쳤습니다. 그러면서도 마음 한편에는 스승의 남도 여행처럼 홀로 떠나는 여행에 로망을 가지고 있었습니다. 하지만 늘 미뤄 두기만 했지요.

  그러다가 스승과 이별하고 2년이 흐른 어느 날 나는 큰 배낭을 메고 홀로 집을 나섰습니다. 미리 정해 둔 계획이나 목적지 없이 그저 마음 가는 대로 떠돌고 싶었습니다. 하지만 엄청난 길치에 초보 여행자인 내게 혼자 하는 무계획적 방랑은 자유라기보다는 두려움이었습니다. 커다란 배낭을 가득 채운 짐이 그 두려움을 보여 주었습니다. 비상 상황에 대한 대비가 물건으로 되는 게 아님에도, 초보 여행자는 여러 물건으로 불안감을 희석하려고 합니다. 그래서 배낭의 무게는 여행에 대한 두려움과 비례한다고 하지요.

내게 혼자 하는 여행은 배낭의 크기보다 훨씬 더 큰 결심이 필요한 일이었습니다. 그러면서도 『섬』의 저자 장 그르니에가 사람은 자기 자신에게서 도피하기 위해서가 아니라 자기 자신을 되찾기 위해 여행한다고 말한 것을 믿고 있었습니다. 사실 나는 이번 여행을 하면서 내가 지나고 있는 삶의 국면을 이해하고, 내 안에 있음에도 스스로 모르고 있던 잠재력을 찾아내고 싶었습니다.

2009년 회사를 그만두면서 나 자신에게 5년의 자유를 선물했습니다. 이 기간만큼은 내가 디자인한 세계에 푹 빠져 살기로 작정했지요. 물론 시행착오가 적지 않았지만, 마음이 끌리는 대로 살았습니다. 마음 가는 대로 책을 읽고 글을 쓰며 직장인을 위한 자기 계발 프로그램 하나를 만들어 진행했습니다. 혼자 많은 시간을 보냈고, 주로 머문 공간은 집이었습니다. 생계를 위해 간혹 프로젝트 형태로 외부 일을 한 적도 있지만, 바깥세상과 거리를 뒀습니다. 이제 몇 달 후면 스스로 약속한 시간이 끝나는 시점이 되었습니다. 다시 세상 속으로 들어가야 하고, 지난 5년간 내가 구축한 세계와 저 현실 세상의 접점을 찾아야 했습니다. 그런데 당시 나는 그 접점을 어떻게 찾아야 할지 막막했고, 어디서부터 시작해야 하는지도 몰랐습니다.

엉킨 실타래 같은 마음으로 떠난 여행 중에 가장 자주

눈이 간 건 바위처럼 험한 곳에 뿌리내린 나무들이었습니다. 특히 지리산 쌍계사에서 만난 나무가 기억에 남습니다. 절의 일주문을 지나 우측으로 큰 바위 위에 자리 잡은 나무가 몇 그루 있습니다. 그중 하나는 수령이 수백 년은 족히 된 것 같고, 어른이 양팔로 안지 못할 정도로 몸통이 두껍습니다. 사방으로 뻗은 가지도 나무 아래 돗자리 몇 개를 펼쳐도 될 만큼 무성합니다. 뿌리는 바위를 집어삼킨 듯한 모습인데, 그래서 이렇게 큰 나무로 자랄 수 있었겠지요. 평소에 나무에 전혀 관심이 없는데 그 나무는 경건해 보였습니다. 나무 둘레를 거닐며 나무가 거쳐 온 과정을 상상했습니다. 모르긴 몰라도 나무의 씨앗이 처음 바위 위로 떨어지고 이렇게 자라기까지 혹독한 시간을 견디고 수많은 고비를 마주했겠구나 싶었습니다. 그걸 극복하기 위해 무수히 시도하고 또 시도했을 거고요. 지금 나무의 모습은 주어진 처지를 받아들이고 오랜 시간 분투해 나간 과정의 결정체였습니다.

쌍계사에서 멀지 않은 불일 폭포에서 만난 풍경도 지금까지 생생하게 간직하고 있습니다. 쌍계사에서 불일 폭포까지는 왕복 4.8킬로미터, 도보로 2시간 30분 정도 소요됩니다. 자갈길에 오르막이 심한 구간도 있어서 산책하듯 다녀올 길은 아닙니다. 사실 폭포를 꼭 봐야 하는 이유는 없었습니다. 갈까 말까 잠시 고민하다가 직접 봐야 한다는 직감이 와서 폭포로 향했습니다.

　　불일 폭포는 높이 60미터, 폭 3미터에 이르는 커다란 자연 폭포로 유명합니다. 우리나라에서 몇 손가락 안에 들지요. 그런데 평일 오전이어서 그런지 아무도 없었습니다. 그 순간엔 폭포와 나뿐이었습니다. 폭포는 크게 보면 2단이고, 중간중간 작은 층을 포함하면 4단으로 볼 수도 있습니다. 당시 전국적으로 가물어서 수량이 적을 줄 알았는데 그렇지 않았습니다. 나무 난간에 서서 폭포를 바라봤습니다. 절벽에서 하염없이 떨어지는 물을 하염없이 바라봤습니다. 폭포 소리는 요란한데 마음은 이상하리만큼 고요해졌습니다. 묘한 침묵을 배경으로 나는 폭포와, 아니 나 자신과 대화를 나눴습니다. 그 대화를 작은 수첩에 적어 두었는데 간추려서 옮기면 다음과 같습니다.

　　"물들이 끝없이 폭포의 층과 층 사이로 뛰어내린다. 그 모습이 비장해 보인다. 산속을 흘러내려 온 물이 길이 끝나는 곳에서 공중으로 몸을 날리기 때문이리라. 한편으로는 쏟아지는 물이 도약으로 보인다. 떨어지는 물이 어째서 도약으로 보일까? 그것이 내게 필요하기 때문일까? 물은 즐거워 보이기도 한다. 폭포 소리가 우레 같은 환호성으로 들린다. 새로운 길을 향한 설렘 때문일까?"

비장함과 즐거움, 뛰어내림과 뛰어오름은 논리적으로 서로 어울리는 조합이 아닙니다. 그런데도 왜 그렇게 느꼈는지 당시에는 알지 못했지만 지금은 이해합니다. 모든 끝은 새로운 시작이기 때문입니다. 새로운 시작은 묵은 허물을 훌훌 털어 버리는 데에서 출발하기 때문입니다.

폭포와 그 양옆에 위치한 나목들이 묘한 조화를 이뤘습니다. 많고 많은 땅 중에 자리한 곳이 하필 절벽이라니, 단단한 바위에 사는 나무만큼 위태로운 처지였습니다. 이전에는 꽃과 열매와 잎이 떨어진 나무가 쓸쓸하게 보였는데 오늘은 시원하고 자유로워 보입니다. 묵은 잎을 떨구지 않는 나무는 겨울을 견딜 수 없고 새잎을 펼쳐 낼 수 없습니다. 꽃을 피울 수도 열매를 맺을 수도 없습니다. 나중에 알게 된 사실입니다만 사계절 푸른 상록수도 오랫동안 자세히 살펴보면 묵은 잎을 떨구고 새잎을 돋웁니다. 이 과정이 천천히 점진적으로 일어나기에 늘 푸르게 보일 따름이지요.

절벽에서 주저 없이 뛰어내리는 물과 빈 가지로 묵묵히 겨울을 견디는 나무가 나를 돌아보게 했습니다. 나는 수직으로 떨어져 더 큰 물줄기와 만나는 저 물처럼 결단과 용기를 가지고 있는가? 과거를 털어 내고 본질을 지키며 봄을 준비하는 나무처럼 스스로를 개혁할 수 있는가? 나는 자신에게 물었습니다. 너절한 정신과 낡은 습관으로 침체된 생활을 자초하고 있는 건 아닌지 반성했습니다. 새로운 삶을 시작해야 함이 자명해졌습니다. 내게 꼭 필요한 건 살아 있는 정신적 활기와 분명한 목표와 충실한 하루로 채워진 새로운 생활이었습니다.

불일 폭포를 떠나며 이곳에 오길 참 잘했다는 생각이 들었습니다. 이 경험을 통해 여행이 주는 귀한 선물 하나를 알게 되었습니다. 보고 싶던 친구를 만나면 마음이 설레듯이 여행 중에 어떤 낯선 풍경을 마주하고 마음이 두근거리는 이유는, 거기에 오래 그리워하며 찾아 헤매던 나의 본모습이 담겨 있기 때문입니다. 무수한 고민 끝에 홀로 떠난 여행은 내게 질문과 실마리를 모두 주었습니다. 여행에서 돌아오고 나서 쓸지 말지 한동안 고민하던 책을 쓰기 시작했습니다. 거의 4년 만에 새로 쓰는 책이었습니다. 18개월 후 세상에 나온 책에는 여행하며 내가 만난 폭포와 나무같이 인생을 새롭게 시작한 인물들의 이야기와 본질적인 전환을 위한 도구가 담겼습니다.

여행을 하다 보면 유독 눈에 잘 들어오는 사물과 풍경이 있습니다. 그럴 때면 '왜?'라는 질문을 던져 봅니다. '왜 지금 그것이 눈에 들어왔을까, 저것을 보고 왜 강한 감정을 느끼는 걸까?' 이 질문을 출발점 삼아 곰곰이 살피다 보면 겉모습 너머에서 희미하게 빛나는 무언가가 보이곤 합니다. 여기에는 알게 모르게 여행자의 마음이 짙게 투영되어 있습니다. 그러므로 여행은 눈길을 잡아끄는 것들을 통해 자기 자신을 들여다볼 수 있는 창문이기도 합니다. 마음을 끌어당기는 풍경과 사물을 유심히 살펴보면 현재 내 상태와 기분, 관심사와 화두, 그리고 꼭 필요한 실마리를 포착할 수 있습니다.

"오로지 박해받는 자만이 인류다"

— 엘리오 비토리니

누군가를 위해 함께 비를 맞아 본 적 있나요?

그가 웃는 것은, 다른 사람이 울기 때문이다.
오로지 박해받는 자만이 인류다.
— 엘리오 비토리니, 『시칠리아에서의 대화』
(민음사, 2009)

어느 날 책방의 서가를 뒤지고 있다가 『시칠리아에서
의 대화』라는 책 제목에 눈이 머물렀습니다. 시칠리아는 올
해 여름 다녀온 여행지였지요. 우연한 일치에 고무되어 책을
빼 들었습니다. 이런 만남은 우연이지만 필연적 운명 같은 느
낌이 들거든요.

나는 책을 이리저리 훑어보기 시작했습니다. 책 뒤표
지에 쓰여 있는, 앞서 인용한 한 줄을 발견하는 순간 싸한 무
언가가 머리를 가로질러 지나가는 걸 느꼈습니다. 복사기의
불빛이 잠시 시야에 들어와 반짝이듯, 그 언어의 빛이 내 머
리를 스치고 가자 머릿속이 하얀 백지가 되는 듯했습니다. 그
건 '쿵' 하는 소리 같은 것이기도 했습니다. 이 이상한 이야기
를 한 사람은 현대 이탈리아의 작가 엘리오 비토리니입니다.

더 이상한 일은 이 이상한 이야기에 걸려든 나입니다.

　이 소설은 총 49장으로 끝나는데, 마지막 장면에서 주인공은 어머니에게 작별 인사를 하러 집으로 옵니다. 그런데 어머니는 부엌에서 초췌한 형색을 한 낯선 남자의 발을 씻겨 주고 있습니다. 알고 보니 주인공의 아버지로 보이는 남자는 그동안 얼마나 고생을 했는지 실제보다 훨씬 늙어 보입니다. 남자는 얼굴을 들지도 못하고 울고 있는데, 어머니는 바닥에 무릎을 꿇고 흔쾌히 그를 보살피며 아들에게 말합니다.

"내가 해산할 때 울고 있었지, 그리고 지금도 울고 있어.
내가 행복하다는 것을 모르고 있어."
— 같은 책

　소설은 주인공 아들과 어머니의 대화가 몇 마디 더 이어지고 끝납니다. "오로지 박해받는 자만이 인류다." 그런 것 같습니다. 새하얀 머리와 늙은 발을 가지고 있는 사람은 세상을 살며 박해받은 자임이 틀림없습니다. 그는 고개를 숙인 채 울고 있습니다. 세상으로부터 고통을 받았기 때문입니다. 그러나 사랑은 그의 늙은 발을 씻겨 줍니다. 역설적이게도 평생을 울던 그의 존재가 그 사랑을 만들었습니다.

　버트런드 러셀의 말이 다시 귓전에 들립니다. '인류의

고통에 대한 연민', 철학적 문법으로 쓰인 이 도도해 보이는 말의 본질은 바로 사랑이네요. "울고 있어. 내가 행복하다는 것을 모르고 있어." 이 말은 러셀의 말을 문인의 문법으로 전환해 놓은 표현입니다. 나라면 신영복 선생의 '함께 맞는 비'라는 표현을 빌려 이렇게 말하고 싶습니다. "한 사람이 비를 맞고 있고 나에게 우산이 있더라도 덥석 우산부터 씌워 주지 말자. 먼저 함께 비를 맞자." 더 간단히 말해 볼까요? "곁에 있을게. 실컷 울어도 돼."

누군가는 '타인은 지옥'이라고 말합니다. 그럴지도 모릅니다. 누군가를 울리면서 자신은 웃는 사람이 없지 않으니까요. 다른 사람의 불행과 희생 위에 자신의 성공을 쌓는 사람도 있으니까요. 그런 사람은 공감할 줄 모릅니다. 그럼에도 살면서 당한 모욕을 씻어 주고, 억울함을 위로하고, 슬픔을 나눌 수 있는 휴식처 또한 사람입니다. 그런 사람은 공감할 줄 압니다. 공감은 봄바람이 얼음을 녹이듯 사려 깊고 밤 호수를 비추는 달빛처럼 부드럽습니다.

공감은 관계의 바탕이어서 나와 타인 간의 거리를 좁혀 줍니다. 그리고 나와 상대 사이에 생명력이라 부를 수 있는 숨결을 불어넣습니다. 그래서 세상에 상처를 입은 사람은 자신에게 깊이 공감하는 사람 속에 숨습니다. 그런 사람 하나만 있어도 견딜 수 있습니다. 그 사람은 어머니입니다. 그 사람은 친구입니다. 그 사람은 연인입니다. 그 사람은 누구나 될 수 있습니다. 다만 반드시 사랑이어야 합니다.

지금 나에게 물어봅니다. 나는 누군가를 위해 함께 비를 맞아 본 적 있는가? 한 사람을 위해 울어 본 적 있는가? 또 물어봅니다. 힘들 때 나에게 가장 깊이 공감해 준 사람은 누구였는지, 무엇이 깊은 공감을 가능하게 해 주었는지를.

공감의 넓이가 곧 한 사람의 깊이다

처음 스승의 질문을 보고 내심 '공감'에 대해 쓸 게 아주 많겠다고 생각했습니다. 공감을 '나다움'의 가치로 중시해 왔으니까요. 그런데 막상 펜을 드니 깊이 공감한 경험은 떠오르지 않고, 누군가를 오해하고 상처 준 일만 차고도 넘칩니다. 생각보다 나란 사람은 '함께 비를 맞는 사람'이 아니었던 겁니다. 고민에 반성을 더해 오랜 시간 머뭇거리다가 결국 내 가슴에 느낌표로 남은 이야기 한 편으로 대답을 대신합니다. 이 이야기는 법정 스님의 출가 50주년을 기념하여 나온 잠언집 『살아 있는 것은 다 행복하라』에서 읽었습니다.

어느 해 초봄, 산속 오두막에서 홀로 생활하는 법정 스님이 오랜만에 서울로 내려왔을 때의 일입니다. 스님이 서울에 있는 한 절에서 지인들과 점심을 먹는데 검은 옷을 입은 중년 여성이 찾아왔습니다. 그 절 주지 스님의 안내로 함께하게 된 여성은 한눈에 봐도 절망에 빠져 있었습니다. 그녀는 어렵사리 입을 열었습니다. 외국에서 학업을 마치고 입대를 앞둔 하나뿐인 아들이 얼마 전 심장 마비로 세상을 떠났다고 했습니다. 그녀는 마지막 인사도 나누지 못한 아들의 49재를 방금 마친 상태였습니다.

　여인은 눈물을 겨우 누르고 있었지만 표정과 몸짓 하나하나에서 슬픔이 흘러내렸습니다. 직접 말로 표현하지는 않았으나 이 절망 속에서 어떻게 살아가야 할지 묻고 있는 듯했습니다. 울음으로도 풀 수 없는 슬픔에 식사 자리가 가라앉았습니다. 누구도 선뜻 나서지 못한 채 지인들은 숨을 죽이고 법정 스님이 어떤 위로의 말을 건넬지 기다렸습니다. 그런데 스님은 아무 말이 없었습니다. 그녀 앞으로 반찬 그릇을 모아 주며 식사를 권할 뿐이었습니다. 끊어질 듯 이어지는 여인의 말에 귀 기울이며 그녀의 손이 닿기 어려운 반찬 그릇을 계속 앞으로 가져다주었습니다.

　스님은 식사하는 내내 여인에게 집중했습니다. 한순간도 그녀에게서 관심을 돌리거나 그녀의 말을 흘려보내지 않았습니다. 모처럼 만난 지인이 여럿 있었음에도 마치 두 사람만 있는 듯 그 사람에게 눈과 귀를 떼지 않았습니다. 얼마나 열중했던지 스님 바로 옆에 앉은 절친한 이조차 그 모습을 바라만 볼 뿐 끼어들 수 없었습니다.

　식사를 마칠 무렵 여인의 얼굴에 끝없는 절망 대신 소생의 기운이 비치기 시작했습니다. 물론 밥 한 끼 먹는 짧은 시간에 크나큰 슬픔이 완전히 사라질 순 없었습니다. 그렇지만 식사를 마치고 봄 햇살을 맞으며 스님과 절 마당을 걷는 여인은 한결 안정을 찾은 듯 보였습니다. 절 마당 끝에 이르러 스님은 여인과 작별 인사를 나누고 지인들과 자리를 옮겼습니다. 여인은 스님의 모습이 보이지 않을 때까지 그 자리에서 합장을 한 채 서 있었습니다.

이후에도 두 사람은 여러 번 만났습니다. 스님은 서울에 올 때면 지인을 통해 그녀의 안부를 물었고, 그녀는 그때마다 스님을 만나러 왔습니다. 만남을 거듭하며 그녀는 점차 회복되어 갔습니다. 스님과 함께한 시간도 시간이지만 그 자신도 상처를 치유하기 위해 많이 노력했을 겁니다. 꽤 오랜 시간이 흐르고 마침내 그녀는 웃음을 되찾았습니다.

이 이야기는 내가 알고 있는 가장 인상적인, 사람과 사람 간의 공감 체험입니다. 처음 이 이야기를 접했을 땐 좀 충격이었습니다. 다른 이들처럼 나 역시 법정 스님이 불시에 자식을 잃은 여인에게 위안이 될 만한 말이나 어떤 깨달음을 주리라 예상했거든요. 그런데 스님은 여인에게 어떤 위로의 말도 건네지 않았습니다. 불교에서 말하는 '인연'이나 '생사'에 관한 이야기로 깨달음을 주려고도 하지 않았습니다. 그런데도 그녀는 점차 안식을 찾을 수 있었습니다.

어떻게 이런 일이 가능했을까 생각해 봅니다. 선한 의

도를 가지고 좋은 말로 위로를 해도 효과를 발휘하는 경우는 많지 않습니다. 감내해야 하는 슬픔이 클수록 위로의 말은 자신의 비참한 처지를 다시금 확인하게 만들 수도 있습니다. 법정 스님은 여인을 불쌍한 위로의 대상으로만 여기지 않았습니다. 대신에 그녀의 슬픔을 지극한 마음으로 받아들이고, 마치 그녀가 무슨 말을 하고 행동을 하든 다 괜찮다는 듯 그녀 옆에 오롯이 함께했습니다. 스님의 이러한 집중이 캄캄한 그녀 마음에 한 줄기 빛이 되었으리라 나는 생각합니다. 진정한 만남은 마음과 마음이 교감할 때 이뤄지고, 교감하기 위해서는 마음이 열려야 합니다. 절망과 슬픔으로 닫힌 마음에는 백마디 말보다 주의 깊은 경청과 섬세하고 따스한 관심이 더 잘 스며드는 것 같습니다. '얼음을 녹이는 봄바람' 같은 사랑, '밤 호수를 비추는 달빛' 같은 공감의 힘입니다.

미욱한 나는 스승의 편지와 법정 스님의 이야기가 이제야 연결됩니다. 공감은 무언가를 알려 주거나 가르쳐 주는 게 아닙니다. 크나큰 시련에 고통스러워하는 이에게 가장 필요한 건 충고나 조언이 아닌 눈물과 고통을 함께 나눌 수 있는 따뜻한 마음과 어깨 그리고 귀 기울임임을 이제야 알겠습니다. 깊은 공감이란 그 사람이 비 피할 곳을 찾거나 우산을 구할 때까지, 혹은 비가 그칠 때까지 곁에서 함께 비를 맞는 것입니다.

물론 어두운 사건에만 공감이 필요한 건 아닙니다. 다만 한겨울에 소나무의 푸르름이 더 눈에 잘 들어오듯이 공감도 힘겨울 때 더 힘이 되어 줍니다. 사실 살아가며 겪는 다채로운 일들 모두가 공감과 연결됩니다. '사랑하면 알게 된다.'라는 말이 있습니다. 순서를 바꿔 '알면 사랑하게 된다.'라고도 합니다. 비근한 맥락에서 '느낀 만큼 보인다.'라고 하고 '본 만큼 느낄 수 있다.'라고도 합니다. 이런 말들은 닭이 먼저냐 달걀이 먼저냐로 들립니다. 어느 게 더 중요하고 먼저인지 잘 모르겠습니다. 다만 이 모든 게 공감으로 이뤄진다는 건 알 것 같습니다. 무언가를 이해하고 사랑한다는 건 그것에 공감하는 과정이니까요. 그리하여 공감의 넓이가 한 사람의 깊이를 말해 줍니다. 한 사람이 보유한 일체의 인식력과 감수성은 그이가 지닌 공감의 진폭이 얼마나 큰가에 의해 가름됩니다.

『시칠리아에서의 대화』의 마지막 장면을 보며 두 사람을 생각했습니다. 제인 케니언과 도널드 홀. 둘은 시인이자 부부로, 그리고 영혼의 동반자로 23년을 함께했습니다. 남편보다 열아홉 살 적은 케니언은 백혈병으로 50세가 채 되기 전에 눈을 감았습니다. 아내가 삶을 마감하는 시간을 「마지막 날들」이란 시에 담은 홀은 후에 아내의 죽음은 자신에게 일어난 최악의 일이었고, 아내를 보살핀 것은 자신이 한 최고의 일이었다고 말했습니다. 홀의 말이 『시칠리아에서의 대화』에서 주인공의 어머니가 바람처럼 훌쩍 자신을 떠났다가 '박해받은 자'가 되어 돌아온 남편을 최선을 다해 보살피는 모습과 겹쳐집니다. 스스로에게 물어봅니다. '나라면 그럴 수 있을까?'

"그 실을 꼭 잡고 있는 한,
너는 절대 길을 잃지 않아"
– 윌리엄 스태포드

그대의 '아리아드네의 실'을 찾았나요?

　　미국의 계관 시인 윌리엄 스태포드가 지은 「삶이란 어떤 것이냐 하면」이라는 시가 있습니다. 이 시는 그가 세상을 떠나기 26일 전에 지은 것으로 알려져 있습니다. 그렇다면 '시인으로 태어난 사람'이라 불린 이가 생을 마치며 남긴 마지막 지혜로 봐도 과언이 아닙니다. 시 전체를 한번 읽어 보지요.

　　네가 따르는 한 가닥 실이 있지.

　　변화하는 것들 사이를 지나는 실.

　　그러나 그 실만은 변치 않아.

　　사람들은 네가 무엇을 따라가는지 궁금해하지.

　　너는 그 실에 대해 설명해야 해.

　　그렇지만 그 실은 다른 사람들 눈에는 잘 보이지 않아.

　　그 실을 꼭 잡고 있는 한, 너는 절대 길을 잃지 않아.

　　살다 보면 슬픈 일도 일어나고,

　　사람들은 상처를 입거나 죽기도 하지.

　　너도 고통받고 늙어갈 테지.

네가 무얼 해도 시간이 하는 일을

막을 수는 없어.

그래도 그 실을 꼭 잡고 놓으면 안 돼.

─ 윌리엄 스태포드,「삶이란 어떤 것이냐 하면」

　　이 시를 읽으며 나는 두 사람을 떠올렸습니다. 고대 그리스 신화에 등장하는 영웅 테세우스와 그를 도와준 아리아드네입니다. 테세우스는 아테네의 영웅이었는데, 크레타의 미궁 속에 살고 있는 괴물 미노타우로스에게 제물로 바쳐집니다. 그가 가진 것이라고는 한 여인이 손에 건네준 실타래뿐이었습니다. 미궁 안에서는 어느 길로 가든 미노타우로스가 있는 곳으로 이어집니다. 살기 위해서는 괴물을 죽이고 스스로 미궁을 빠져나와야 합니다. 용맹한 테세우스는 괴물을 물리치고 한쪽 끝을 입구에 묶어 둔 실타래를 따라 미궁을 되짚어 나가 탈출했습니다.

　　오늘날에는 미궁도, 미궁 속의 괴물도 없습니다. 그러나 우리는 여전히 세상이라는 미궁, 나라는 미궁에 갇혀 있습니다. 그 미궁 속에서 끝없이 우리를 집어삼키는 괴물인 탐욕과 허위와 불안과 무기력과 강요된 삶에 시달리고 있습니다. 이 미궁을 빠져나올 수만 있다면 자유를 찾을 수 있을 텐데요.

　　테세우스가 미궁으로 들어가기 전에 자신을 사랑한

여인 아리아드네에게 이렇게 말합니다. "미궁에서 살아 나오는 방법만 가르쳐 주면 영원히 사랑하리라." 그러자 아리아드네는 실타래 하나를 줍니다. 그 실타래가 바로 미궁을 벗어날 수 있는 목숨 줄이었지요. 미궁을 빠져나오는 데는 그 실 하나면 충분합니다. 진정한 자신으로 살아가기 위해서 우리에게 필요한 것도 아리아드네의 실뿐입니다. 그런데도 우리는 우리를 구해 줄 재물, 우리를 구해 줄 권력, 우리를 구해 줄 오묘한 사상思想을 찾아 여기저기를 기웃거립니다. 삶은 그렇게 점점 더 복잡해지고 우리는 미궁 속에서 길을 잃습니다.

아리아드네의 실은 사람마다 다릅니다. 그게 무엇인지는 스스로 찾아내야 합니다. 이 실을 찾아내는 데 필요한 실마리를 제공하는 사람이 선생입니다. 좋은 선생은 제자가 스스로 아리아드네의 실을 찾아낼 수 있도록 본을 보여 주고 암시를 줍니다. 우리의 마음속에는 여러 개의 인생에 대한 가능성이 서로 싸웁니다. 서로 자기의 길로 가자고 유혹하고 잡아끕니다. 여러 개의 길이 갈라져 있는 갈림길에서 우왕좌왕합니다. 그러니 삶이 미로 같지요.

혹시 미로와 미궁의 차이를 알고 있나요? 궁금하면 한번 찾아보세요. 다만 여기선 진정한 나를 찾아 가는 여정은 미로가 아닌 미궁의 길이라는 점만 밝혀 둘게요. 이렇게 말하면 아마 더 궁금하겠지만 그 차이에 대한 실마리도 이 글 안에 흩어 놓았답니다.

　　우리에게 필요한 진짜 인생은 하나뿐입니다. 자신의 잠재력을 따라 다른 사람은 경험할 수 없고 체험될 수도 없는 자신만의 인생을 찾아 나서야 하지요. 그런데 그 일이 참 어려워요. 내 경우도 아리아드네의 실을 찾아내기 쉽지 않았답니다. 나라는 미궁은 너무 어두워서 헤맬 수밖에 없었어요. 너무도 오랫동안 이곳저곳을 더듬거리며 초조했지요. 마흔이 넘어 울고 있는 내 마음속 어딘가에서 작은 불빛이 잠시 반짝이는 듯했습니다. 달려가 그 부근을 미친 듯이 뒤졌습니다. 그렇게 발견한 실을 잡고 오래 찾아 헤맨 진짜 소명을 만나길 간절히 바라며, 테세우스가 그랬듯 나도 내 실이 새로 얻은 생명인 것처럼 꽉 잡고 놓지 않았습니다. 그 체험이 지금 내 인생의 바탕입니다.

　　십여 년이 지나 돌아보니 나의 '아리아드네의 실'을 따르는 게 즐거운 일만은 아니었습니다. 실을 잡고 걸어도 그 길은 여전히 어두운 미궁이니까요. 그래도 순간순간 섬광처럼 내 안에 숨겨져 있던 보석을 발견하고 또 비전을 엿보며 경이로움을 느끼곤 했습니다. 평범하게만 보이던 내게도 진귀한 보물이 있다는 걸 알게 되었습니다. 이 깨달음이 어둠을 밝히는 등불이 되어 고독한 실을 비춰 주었습니다. 실을 잡고 미궁을 탐험할수록 더 나답게 살고 싶어졌습니다. 아마 캄캄한 미궁을 지나며 내 안의 빛을 되찾았기 때문인가 봅니다.

실타래는 대단한 물건이 아닐지 모르지만 미궁에 빠져 갈 곳 모르는 사람에게는 꼭 필요합니다. 아리아드네의 실타래, 그 실이 없으면 미궁에 갇혀 미노타우로스라는 괴수의 공격에 무너지거나 그 괴물에게 길들어 노예로 살게 됩니다. 하지만 평범해 보이면서도 요긴한 물건을 알아보는 사람은 많지 않고, 이 실타래와 함께 미궁을 빠져나오는 모험을 떠나는 이는 더욱 드뭅니다. 모험에는 위험이 따르기 마련이니까요. 하지만 모험 없이는 내 안의 보물과 자기다운 삶의 희열도 손에 넣을 수 없습니다.

미궁에 갇힌 사람은 자기에 대한 무지에 빠져 '내가 없는 삶'을 살아야 합니다. 이건 부나 명성, 권력에 대한 이야기가 아닙니다. 진정한 나와 자기다운 인생에 관한 겁니다. 삶이란 결국 진짜 자기를 찾아 가는 모험이 아닐는지요. 진정한 나를 깨달을 때까지 인생의 모험은 계속됩니다. 모험 없이는 진정한 나를 찾을 수 없고, 진정한 나 없이는 자기다운 삶도 요원합니다. 숨 쉬며 살고 있으나 거기에 자기가 없는 인생은 얼마나 공허한가요. 나는 테세우스와 아리아드네를 가슴에 품은 시인이 되어 이렇게 노래하고 싶습니다.

"아리아드네의 실타래를 결코 잊지 마라.

희미한 소명의 길은 미궁과 같으나

어두운 내면을 통과하지 않고는 내가 없으니

두려우리라 생각한 곳에서 나를 발견하고

죽으리라 생각한 곳에서 다시 살게 되리라."

그대 삶에서 꼭 붙잡고 따라가야 하는 '아리아드네의 실'은 무엇인가요? 그 실을 어떻게 찾아내었는지요? '나'라는 미궁을 탐험해 본 적 있나요?

인생은 자신의 진짜 이름을 찾아 가는 여정

아마 2008년 봄이었을 거예요. 나는 '변화경영연구소'에서 진행한 '시 축제'에서 윌리엄 스태포드의 시를 읊었습니다. 그 자리에서 「삶이란 어떤 것이냐 하면」을 처음 접한 스승은 이 시가 마음에 들었는지 손수 번역하여 당신 책에 소개하기도 했습니다.

스태포드의 시는 테세우스와 아리아드네 이야기와 절묘하게 통합니다. 그러니까 시인이 강조한 '실'은 현대판 '아리아드네의 실'인 것이죠. 스승과 시인이 노래한 것처럼 테세우스 같은 영웅에게만 실이 필요한 건 아닙니다. 오히려 나처럼 평범한 사람에게 더욱 필요합니다. 이 시에 나오는 '실'은 내게 소명을 가리키는 상징으로 다가왔습니다. 내가 오래 헤매다 서른 살 훌쩍 지나 찾아낸 소명은 '내면 탐험가'입니다. 언젠가 우연히 눈에 들어온 영국의 시인 윌리엄 해빙턴의 시를 소중히 간직하고 있습니다. "그대의 눈을 안으로 돌려보라, 그러면 그대의 마음속에 여태껏 발견 못하던 천 개의 지역을 찾아내리라. 그곳을 답사하라. 그리고 자기 자신이라는 우주학의 전문가가 되라."* 그렇습니다. 한 사람의 내면은 소우주입니다. 내면 탐험가는 나라는 우주를 여행하고 탐사합니다.

　　내면 탐험은 진정한 나를 찾아 떠나는 모험입니다. 모험에는 위험이 따르기 마련이죠. 미지의 숲으로 들어가고, 심연으로 내려가야 하니까요. 그 과정에서 인정하고 싶지 않은 '그림자'나 피하고 싶은 '괴물'을 만나게 될지도 모릅니다. 그래서 두렵기도 하고 설레기도 합니다. 두려움과 설렘이 공존하는 게 모험 아니던가요. 그렇다고 우리 안에 시커먼 존재만 가득한 건 아닙니다. 니코스 카잔차키스는 『영혼의 자서전』에서 모든 사람은 자기 마음속에 신비한 중심을 지녔으며, 그 신비한 소용돌이는 그의 사상과 행동에 통일성을 부여하고, 그로 하여금 우주 조화를 발견하거나 창조하게 도와준다고 썼습니다. 파란만장한 카잔차키스의 삶은 어쩌면 그가 자기 안에 존재하는 '절대적인 군주'라고 부른 이 중심을 찾아 가는 투쟁이었는지도 모릅니다. 같은 맥락에서 헤르만 헤세는 『데미안』에서 우리 속에는 모든 것을 알고, 모든 것을 하고자 하고, 모든 것을 우리 자신보다 더 잘 해내는 어떤 사람이 있다고 말했습니다. 내면 탐험은 자기 안에 숨어 있는 이 '중심'을 되찾고 이 '사람'을 살려내는 과정입니다.

* 　헨리 데이빗 소로우, 『월든』(강승영 역, 은행나무, 2011)

내면 탐험가라는 소명을 발견하는 데 영감을 준 인물이 둘 있습니다. 신화 연구가 조지프 캠벨과 분석 심리학의 창시자 카를 융. 나는 두 사람을 책으로 만났습니다. 캠벨과 융은 각자의 방식으로 인간 내면의 심층을 치밀하게 연구했고, 내면 탐험을 어떻게 해야 하는지 모범을 보여 주었습니다. 인생을 깊게 살고 싶어 하는 내게, 두 사람은 그러기 위해서는 먼저 자기 안에서 그 깊이를 확보해야 함을 알려 주었습니다. 다시 말해 제 깊이를 지니지 않으면 삶도 깊어지지 않음을 일깨워 준 것이죠. 캠벨과 융은 다른 누가 아닌 자신을 가장 먼저 탐구하여 각자 신화와 심리학에서 자기를 닮은 세계를 창조해 냈습니다.

　　스탠포드는 실은 변하지 않아서 실을 잡고 있는 한 길 잃을 염려는 없다고 노래하지만, 정작 그 실을 찾기란 쉽지 않습니다. 테세우스에게 실을 건넨 아리아드네가 있듯이 우리에게도 조력자가 필요합니다. 나의 실타래를 찾기 위해서는 나의 아리아드네부터 만나야 합니다. 나는 캠벨과 융에게도 아리아드네가 있었는지 알아봤습니다. 두 사람 모두 결정적인 조력자가 있었는데, 먼저 캠벨은 책이었습니다. 그는 젊은 시절 박사 학위를 중도에 포기하고 수년간의 집중적인 독서를 통해 신화라는 소명을 찾아냈습니다. 카를 융은 오랫동안 밤에 꾸는 꿈을 기록하고 해석하여 인간의 무의식을 탐구하는 선구자가 되었으며, 분석 심리학은 그 과정의 결실입니다. 두 사람만 더 예를 들면, 우리나라 1세대 다큐멘터리 사진가 최민식은 일본 동경의 한 헌책방에서 사진가 에드워드 스타이컨이 엮은 사진집 『인간가족』을 보고 사진가라는 천직을 찾았고, 체 게바라는 20대 초반 의학도 신분으로 친한 선배와 떠난 라틴 아메리카 여행을 통해 혁명가라는 자기만의 별을 발견했습니다.

　　이처럼 사람마다 소명이 다르듯이 아리아드네도 다릅니다. 나의 아리아드네가 책과 스승이라면 다른 누군가는 친구나 부모가 소명의 실마리를 건네주고, 또 체 게바라처럼 여행 중에 소명이 말을 걸어오는 사람도 있습니다. 이 밖에 영화나 음악, 글쓰기 등도 아리아드네가 될 수 있으며, 때로는 질병이나 사고, 해고와 이별처럼 감당하기 버거운 시련이 그 역할을 맡기도 합니다.

　　'철학의 아버지'로 칭송받는 고대 그리스의 현자 탈레스는 "이 세상에서 가장 어려운 일이 무엇인가?"라는 질문에 이렇게 답했습니다. "당신 자신을 아는 것." 고대 그리스 델포이에 자리한 아폴론 신전에 새겨져 있는, 소크라테스 덕분에 유명해진 "너 자신을 알라."라는 금언도 탈레스가 한 것으로 알려져 있습니다. 그렇습니다. 자기 자신만 한 미궁도 없습니다. 내 안에는 '나도 모르는 나'가 많이 살고 있습니다. 거기에는 미노타우로스 같은 그림자가 있고 내가 찾아내기를 기다리는 '황금 씨앗'도 묻혀 있습니다.

스승의 편지를 읽으며 미로와 미궁이 어떻게 다른지 궁금했습니다. 둘은 흔히 같은 의미로 쓰이지만, 여러 책을 읽으며 공부해 보니 정말로 많이 달랐습니다. 미로迷路, maze와 미궁迷宮, labyrinth은 한자와 영어 표기가 서로 다른 것처럼 실제 모습도 같지 않습니다. 전형적인 미로와 미궁의 모습은 아래 그림과 같은데요. 왼쪽이 미로이고 오른쪽이 미궁입니다. 어떤가요? 아주 다르지요?

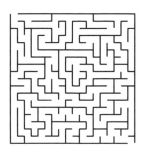 

미로와 미궁의 가장 큰 차이는 두 가지더군요. 먼저 미로는 한자 뜻풀이 그대로 여러 길路이 복잡하게 얽혀迷 있어 출구를 찾기 어렵습니다. 그에 비해 모든 미궁은 나선형의 구조로 하나의 중심을 품고 있으며, 우리가 어떤 집宮을 구경

할 때 하나의 문으로 들어가고 나오 듯이 미궁도 입구와 출구가 같습니다. 달리 말하면 미궁은 그 안의 모든 길이 중심으로 수렴했다가 돌아 나오도록 되어 있습니다. 반면에 미로는 중심이 없고 입구와 출구도 따로 있지요. 즉, 미로는 난해해서 헤맬 수밖에 없는 모양이라면 미궁은 어느 길로 가든 중심과 출구에 이를 수 있습니다. 그래서 미로가 혼란과 분열의 연속이라면, 나선형 경로와 중심을 품은 미궁은 치유와 부활의 여정을 상징합니다.

그렇다면 왜 우리는 미궁을 미로처럼 복잡하게 느끼고 헤매는 걸까요? 모든 길이 중심을 향하고 입구와 출구가 같다면 길을 잃을 염려가 없을 텐데 말이죠. 그 이유는 미궁 특유의 모양인 나선형 구조에 있습니다. 나선형의 미궁을 걷다 보면 중심을 향해 가까워졌다 멀어졌다를 반복하기에 마치 제자리걸음을 하는 것 같아서 길을 잃었다는 착각을 하게 됩니다. 손가락으로 미궁 그림을 따라가 보세요. 전체 구조와 모든 길이 보임에도 중심에 이르기가 쉽지 않습니다. 테세우스에게 아리아드네의 실타래가 필요했던 이유입니다.

우리의 내면은 미로가 아닌 미궁입니다. 카잔차키스의 표현처럼 내면의 미궁은 나선형의 '신비한 소용돌이'이며, 헤세가 강조한 '사람'은 내면의 중심에 존재합니다. 나의 꿈과 재능, 그게 뭐든 눈에 보이지 않으면서 중요한 것들도 외부가 아닌 내 안에 있습니다. 영어에서 나선spiral과 영혼spirit 의 어원이 같은 것도 우연은 아닐 겁니다. 우리 영혼은 미궁 을 통과해야 진정한 나에 이를 수 있다는 뜻이 아닐까요.

　　물론 미궁이라고 해서 쉽다거나 장애물이 없다는 뜻 은 아닙니다. 다만 미로와는 확연히 다르다는 점을 기억해야 합니다. 미로를 탈출하기 위해서는 내비게이션이 필요합니 다. 타인의 목소리를 따라야 합니다. 외부의 내비게이션에 의 존하면 같은 미로를 여러 번 헤매도 출구를 찾지 못합니다. 오히려 더 의존하게 될 뿐이지요. 내 안의 미궁도 어둡고 어 려운 길이지만 탐험하는 데는 실 하나면 족합니다. 관건은 실 과 함께 어느 길로 가더라도 중심에 이를 수 있음을 믿고 끝 까지 가는 것입니다.

　　자아ego는 쉽든 어렵든 내면의 미궁을 지나야 진정한 자기self와 만날 수 있습니다. 이 내면의 길은 카를 융의 표현 을 빌리면 '자기실현', 다른 말로 '개성화'이고, 미궁 탐험의 전 체 여정은 조지프 캠벨이 강조한 '영웅의 여정'입니다. '영웅 의 여정'의 본질을 한 문장으로 요약하면 '영웅 후보자는 모 험을 떠나고 모험은 영웅을 키워 낸다.'입니다. 영웅의 전제 조건은 모험이고, 모험이 영웅을 완성한다는 말입니다. 융의 '개성화'는 내 식으로 말하면 크든 작든 자기다운 세계 하나 를 창조하는 일입니다. 자신의 존재와 삶 전체를 재료로 나를 닮은 세계를 만들어 낸 사람이야말로 자기를 실현한 인물입니다. 여기서 자기가 창조한 세계는 새로운 학파, 조직, 공간, 사상, 삶의 방식 등 다양한 얼굴을 가집니다. 카를 융의 분석 심리학과 조지프 캠벨의 신화론도 한 개인이 만들어 낸 멋진 세계의 좋은 예입니다.

　　내 마음에 '내면 탐험가'라는 단어가 떠오른 순간을 소중히 간직하고 있습니다. 이 세상에 수많은 역할이 있는데 내 안에 씨앗처럼 묻혀 있는 진짜를 발견했다는 확신이 들었습니다. 그래서 몇 년 동안은 명함 가장 잘 보이는 곳에 이 명칭을 새기기도 했습니다. 이 문구를 명함에 계속 남겨 두지 않은 이유는 마음의 소명으로 확고하게 자리 잡았기 때문입니다. 지금도 이 단어를 접할 때면 가슴이 뜁니다. 소명이야말로 나의 진짜 이름이니까요. 나는 소명이란 '소중한 이름'의 줄임말이라고 생각합니다. 결국 우리 인생이란 자신의 진짜 이름을 찾아내고 그 이름에 걸맞은 세계 하나를 창조하는 여정이 아닐는지요.

"당신이 어떤 사람인지 나는 말해 줄 수 있어요"

— 니코스 카잔차키스

오늘 먹은 음식으로 무엇을 하고 있나요?

니코스 카잔차키스의 실제 경험을 담은 소설 『그리스인 조르바』는 우리나라에서 가장 사랑받는 소설 가운데 하나입니다. 카잔차키스는 만년에 쓴 『영혼의 자서전』에서 인생의 길잡이를 한 사람 선택한다면 틀림없이 조르바를 택했을 것이라고 고백할 정도로 조르바와 같은 삶을 지향했습니다. 그럼 조르바는 어떤 사람이었을까요? 이 질문에 중요한 단서를 제공하는 에피소드가 있습니다.

어느 날 조르바는 우연히 만난 한 노인이 아몬드나무 묘목을 심으며 "나는 결코 죽지 않을 것처럼 사네."라고 말하자, "나는 내일 죽을 것처럼 살아요."라고 응수합니다. 이 한마디에 조르바의 정신이 함축되어 있습니다. 내일 죽는 사람은 소유할 게 없습니다. 바라는 것도 두려울 일도 없습니다. 가식도 허위도 없지요. 그 모두가 어차피 내일이면 사라질 테니까요. 그만큼 간절하게 자유롭게 살아갑니다. 그래서 조르바는 악기를 연주할 때는 악기가 되고, 광산에서 일할 때는 곡괭이가 되고, 춤출 때는 춤이 될 수 있습니다. 카잔차키스가 조르바에게 매료된 이유입니다. 그런 조르바가 묻습니다.

먹는 음식으로 뭘 하는가를 가르쳐 주면,

당신이 어떤 사람인지 나는 말해 줄 수 있어요.

— 니코스 카잔차키스, 『그리스인 조르바』

(열린책들, 2008)

그러니까 조르바는 이렇게 묻고 있는 것이지요.

"음식을 먹고 그 음식으로 무엇을 하는지 설명해 주시오. 당신 안에서 그 음식이 무엇으로 변하는지 대답해 보시오. 그러면 나는 당신이 어떤 사람인지 알려 주겠소."

내가 이 질문을 받고 처음 생각난 건 '식충이'라는 단어였습니다. '너무 많이 먹고 제대로 된 일은 하지 못하는구나.'라는 당혹감이 만들어 낸 표상입니다. 이어서 떠오른 건 '똥'이었습니다. 내가 만들어 내는 게 고작 그거구나 싶었습니다. 웃음이 나왔습니다. 한마디로 '밥값 제대로 못 하고 있다.'라는 생각이 들었습니다.

작가이자 번역가로 『그리스인 조르바』를 우리말로 옮긴 이윤기는 변화의 정도를 세 가지 용어로 구분합니다. 하나는 형태만 바뀌는 변형變形, transformation이고, 다른 하나는 성질이 변하는 변성變性, transmutation, 마지막으로 본질이 바뀌는 변역變易, transubstantiation입니다. 예를 들어 포도를 가지고 즙을 짜서 먹으면 이는 변형입니다. 겉모양은 달라졌지만 성분은 같으니까요. 포도즙이 발효 과정을 거쳐 포도주가 되면 성분이 달라지는 변성에 해당합니다. 포도주는 가톨릭 미사에서 형태나 성분의 변화를 넘어서는 존재, 즉 성혈聖血로 거듭나는데 이는 변역입니다. 신자가 마시는 건 그냥 술이 아닌 그리스도의 피입니다.

정리하면 변형은 물리적 변화이고, 변성은 화학적 변화이며, 변역은 차원이 달라지는 초월적 변화입니다. 그런데 만일 사람이 포도주를 먹고 흠뻑 취해 버리면 어떨까요? 외모는 똑같아도 본인의 성격과 역할을 잊고 평소와 사뭇 다른 사람이 되니 이것도 변역이라 부를 수 있을까요? 같은 포도주도 사람마다 다르게 작용해서 어떤 사람은 술에 취해 주정을 하고, 어떤 이는 술을 영감의 통로로 삼아 아름다운 시를 짓습니다. 또 다른 누군가에게 술은 영적인 의미로 작용하기도 합니다. 이렇게 보면 변역의 스펙트럼도 꽤 넓은 듯합니다.

술 이야기는 이쯤하고 다시 밥으로 돌아오지요. '네가 먹은 밥이 네 안에서 무엇으로 변하고 있는가?' 다시 이 질문에 답해 보려고 합니다. 밥 먹은 힘으로 사기 치는 사람은 사기꾼이고, 그것으로 노름하는 사람은 노름꾼이고, 그것으로 직장에서 일하는 사람은 직장인입니다. 그것으로 그림을 그리는 이는 화가이고, 그것으로 노래를 하면 가수입니다. 나는 작가이니 밥으로 얻은 에너지로 글을 쓰는 사람이네요.

생각이 여기에 다다르자 '그럼 좋은 작가는 그것으로 어떤 글을 쓰는 작가인가?'라는 물음이 떠올랐습니다. 그러자 머릿속에서 또 한 번 이런저런 단어들이 구름 조각처럼 둥둥 떠다니다가 저희끼리 서로 붙었다 떨어지곤 합니다. 그러다가 '진실에 진실한 작가'라는 생각을 만들어 냅니다. '좋은 작가는 진실에 진실한 작가'라는 표현이 마음에 쏙 듭니다.

'그럼, 진실은 무엇이고 진실에 진실하다는 것은 무엇을 말하는 것인가?' 잠시 고민하다 이쯤에서 생각을 접었습니다. 너무 복잡해서 더 이상 머리를 쓰고 싶지 않았기 때문입니다. 그때 갑자기 '삶이란 머리를 쓰는 게 아니구나.'라는 앎이 찾아왔습니다. '삶이란 온몸으로 사는 것이구나. 좋은 작가란 머리가 아니라 온몸으로 쓰는 사람이구나. 그렇게 쓰는 글이 진실이구나. 그러므로 진실에 진실한 글은 심장을 뜨겁게 하고 손발을 진동하게 하고 낯을 붉히게 하고 누었던 몸을 일으키게 하는 것이구나. 그리하여 다시 살게 하는구나.'

많은 이가 『그리스인 조르바』를 즐겨 읽는 이유가 여기에 있는 것 같습니다. 나는 푸른 하늘에 흰 구름으로 글을 쓰는 작가였으면 좋겠습니다. 달빛 사이 섬돌 위 댓잎을 흔들고 지나는 바람을 느낄 수 있는 달의 문법을 가진 작가이고 싶습니다. 때론 내 속이 어떤 영감으로 흠뻑 채워져 내가 아닌 다른 누군가가 순식간에 글을 써 내는 장면을 꿈꿉니다. 아주 가끔이라도 말입니다.

처음 음식에서 시작한 생각이 술과 밥을 거쳐 작가로 이어졌습니다. 정말이지 종잡을 수 없네요. 한편으론 당연한 일이기도 합니다. 생명은 변화 그 자체이니까요. 탄생한 순간부터 변화는 모든 생명의 존재 방식입니다. 오직 죽은 것만이 변화하지 못한 채 부패합니다. 그렇다고 모든 변화가 같은 수준으로 묶이는 건 아닙니다. 그렇다면 우리 개인에게 있어 근본적 변화, 즉 변역은 무엇일까요? 어떻게 정의할 수 있을까요? '본래의 자기로 되돌아가는 과정', 이것이 고심 끝에 내가 내린 정의입니다. 인간은 다른 생명을 죽여 먹음으로써 살아갈 수밖에 없는 슬픈 짐승인데, 나를 위해 죽은 생명들에게 제대로 된 존중과 보상을 하지 못하면 생명에 대한 빚이 하루하루 쌓일 겁니다. 오늘만이라도 밥값을 제대로 하기 위해 가장 나다운 일 하나를 한다면 빚을 만들지 않은 하루가 되겠네요.
혹시 궁금하지 않나요? 조르바 자신은 밥을 무엇으로 변화시켰을까요? "나는 내가 먹은 걸 일과 좋은 유머에 쓴답니다."*『그리스인 조르바』에 나오는 그의 대답입니다. 그렇다면 카잔차키스는 조르바의 질문에 뭐라 답했을까요? 그는 소설에서는 답을 피하며 어물쩍 넘어가지만, 어느 글에선가 질문의 답이라 할 만한 기록을 남겼습니다. 조르바라고 하는 위대한 자유인을 책 한 권으로 변화시켰다고요. 작가를 천직으로 알고 한평생 글쓰기에 매진한 사람이니 어쩌면 가장 그다운 답변인 것 같습니다. 조르바가 그대에게 묻는다면 뭐라 대답하겠나요? 오늘 먹은 밥으로 나는 무엇을 하고 있나요? 그것으로 가장 나다운 일을 하고 있나요?

* 니코스 카잔차키스, 『그리스인 조르바』(열린책들, 2008)

자기답게 살아가기 위한 공부

지금부터 나도 조르바의 질문에 답해 보려 합니다. 매일 먹는 음식으로 무얼 하고 있는지 알아내려면 내가 매일 하고 있는 일부터 살펴보는 게 순서일 듯싶은데, 그중에서도 중요한 걸 하나만 고르면 '공부'입니다. 나는 매일 공부합니다. 책을 읽고 글을 쓰고 산책하고 여행하는 모든 게 공부의 일환입니다. 공부는 자신을 일깨우는 방편이자 하루하루를 새롭게 만드는 끊임없는 시도입니다.

20대 초반부터 나름대로 독학獨學을 실천하면서 내게 어울리는 공부법을 다듬어 왔습니다. 그 방식이 조금 독특한데, 요약하면 호기심을 자극하거나 영감을 주는 인물을 정해서 집중적으로 들이팝니다. 공부하는 기간은 인물에 따라 다르지만 적어도 3년은 붙들고 있습니다. 이렇게 공부한 과정이 일상이 되고 그 알맹이들이 알게 모르게 존재에 스며들어, 사유의 재료가 되고 대화의 양념이 되고 책 쓰기의 자양분이 됩니다. 나는 이 공부법을 일본의 소설가 오에 겐자부로에게 배웠습니다.

노벨 문학상을 받은 소설가 오에 겐자부로는 본인만

의 학습법을 평생 실천해 오고 있습니다. 그는 자신에게 본이 되고 영감을 주는 작가 한 명을 정해서 3년 동안 탐구합니다. 그 작가가 쓴 모든 것을 읽고 작가의 작품에 대한 연구서를 대부분 읽는다고 합니다. 예를 들어 그는 40대 중반에 자신이 가장 좋아하는 시인 윌리엄 블레이크를 3년간 연구했습니다. 당시 블레이크의 작품에서 자기 '인생의 예언시'를 만난 듯 신비로운 끌림을 느꼈다고 합니다. 이 일을 계기로 서점을 찾아가 블레이크의 책들을 살펴보고, 시집 원문과 여러 번역본을 구입하고, 마음에 드는 블레이크 관련 연구 서적도 가능한 한 많이 구했습니다. 이렇게 모은 책을 3년 동안 집중적으로 읽으며 블레이크의 삶과 작품을 샅샅이 살폈습니다. 블레이크의 시집 일부는 직접 번역하고 암송할 정도로 되풀이해서 읽었으며, 시집 번역서는 물론이고 연구서 몇 권도 여러 번 숙독하며 필요한 내용을 간추리고 아이디어를 메모했습니다.

겐자부로는 소설가답게 관심 인물을 탐구한 내용을 소설 창작에 활용했습니다. 블레이크에 관한 공부를 바탕으로 집필한 소설은 1983년 출간한 『새로운 인간이여, 눈을 떠라』입니다. 겐자부로는 이 작품을 '블레이크 주석 소설'이라 부릅니다. 이후에도 그는 블레이크를 사숙私淑한 방법처럼 단테를 연구하고, 아일랜드 시인 예이츠를 스승으로 삼았습니다. 그리고 두 사람을 소재로 소설을 썼습니다. 1987년에 나온 『그리운 시절로 띄우는 편지』는 그가 집중적으로 단테를 읽으며 살아간 일상에서 나온 소설로, 단테 공부의 소산입니다. 예이츠에 관한 연구는 1993년부터 1995년까지 매년 한 권씩 출간한 『타오르는 푸른 나무』 3부작으로 집결되었습니다. 그는 이렇게 말했습니다.

> 『그리운 시절로 띄우는 편지』에서는 나의 독자적인
> 단테 해독이 중요한 역할을 차지했다. 그것은 『새로운
> 인간이여, 눈을 떠라』에서 블레이크가 수행한 역할과
> 같았으며, 『타오르는 푸른 나무』에서는 예이츠가
> 마찬가지의 경우였다. 나는 이렇게 해서 내 생애의
> 소설 방법을 쌓아 왔던 것이다.
> ― 오에 겐자부로, 『'나'라는 소설가 만들기』
> (문학사상사, 2000)

이처럼 겐자부로는 특정 기간 한 인물을 집중적으로 사숙하며 정신을 담금질하고 그 내용을 토대로 소설을 집필하는 자신만의 창작론을 확립했습니다. 겐자부로가 독창적인 시선과 독특한 소재를 자유자재로 구사하며 고유한 문학 세계를 완성한 동시에 많은 이로부터 보편적 공감을 이끌어

낼 수 있었던 힘은, 본인의 체험과 여러 스승의 삶을 통합한 데 있습니다.

오에 겐자부로는 2007년 『파리 리뷰』와의 인터뷰에서 한 편의 작품을 끝낸 후에 죽고 싶다고 말하며 본인이 원하는 최후를 밝혔습니다. 그리고 같은 인터뷰에서 기도 대신 의례儀禮처럼 매일 하는 일로 신뢰하는 사상가와 작가의 작품을 읽는 것을 꼽으며, 최근에 무엇을 공부하고 있느냐는 질문에 1929년에서 1939년 사이에 쓰인 예이츠의 후기 시를 집중적으로 살피고 있다면서, 그가 현재 자신의 나이인 일흔두 살 때는 어땠는지 알아내려고 애쓰고 있다고 답했습니다. 노년의 오에 겐자부로는 여전히 학생이자 현역 작가였습니다.

미국의 소설가 플래너리 오코너는 어떤 직업이든 계속해 나가다 보면 자기만의 습관이라고 할 수 있는 기능의 축적이 일어나는데, 그것이 곧 마음을 훈련시키고 불시에 삶을 덮치는 역경을 자력으로 극복할 수 있게 해 주며, 더 나아가 한 사람의 인격 그 자체가 된다고 강조했습니다. 오코너는 이를 '존재의 습관'이라 불렀습니다. 오에 겐자부로가 평생 갈고닦은 공부법은 '존재의 습관'이 무엇인지, 얼마나 큰 힘을 발휘하는지 보여 줍니다.

나는 오에 겐자부로의 독학법을 '관심 인물 탐구법'이라 부릅니다. 뭐라 부르든 그는 이 공부법으로 일가一家를 이

뤘습니다. 나는 거장이 되거나 위대해지기를 바라지 않습니다. 다만 겐자부로의 도움을 받아 고안한 나의 공부법을 '존재의 습관'으로 삼고자 합니다. 그리하여 진정 나답게 존재하고 싶습니다. 관심 인물을 탐구하며 넓어지고 깊어지고 싶습니다. 화가이자 작가인 폴 호건은 자신만의 세계를 창조하지 못하면 다른 사람이 묘사한 세계에 머무를 수밖에 없다고 했습니다. 나도 작더라도 나를 닮은 세계 하나를 만들고 싶습니다. 다르게 표현하면 내가 먹은 음식으로 나다운 콘텐츠를 만들고 싶습니다. 매일 공부하는 궁극적인 이유입니다.

이 글을 쓰며 앞으로 먹을 음식을 무엇으로 변화시키고 싶은지 스스로 물어봤습니다. 이 질문은 '앞으로 어떤 인물을 공부하고 싶은가?'라는 질문과 같습니다. 몇몇 관심 인물이 떠오릅니다. 렘브란트, 미켈란젤로, 가우디, 스피노자, 바버라 매클린톡, 퇴계 이황, 비틀즈. 몇 년 전부터 이들에 관한 자료를 틈틈이 찾아보고 있습니다. 인물별로 작은 책장을 채울 만큼 관련 서적을 모으고 있습니다. 서재에 들어설 때마다 가슴이 뛰는 이유는, 거기에 이미 읽은 책뿐만 아니라 앞으로 읽을 인물이 기다리고 있기 때문입니다.

일례로 나는 조만간에 만날 인물로 미켈란젤로를 점찍어 두었습니다. 오래전부터 미켈란젤로를 좋아했습니다.

서재 곳곳에 미켈란젤로의 그림을 걸어 두고, 서가 한 컨을 그의 작품집과 그에 관한 책으로만 채웠습니다. 거기엔 10년 전 신혼여행 중에 로마와 바티칸에서 사 온 책과 화보집도 자리하고 있습니다. 이 정도면 본격적으로 그를 만날 준비는 끝난 셈입니다. 물론 그가 활동했던 곳과 그의 작품을 직접 살펴보는 게 가장 좋지만 물리적 거리로 인해 그럴 수 없으니, 서재에서 그 모두를 텍스트와 이미지로 담고 있는 책들로 미켈란젤로에게 푹 빠져 볼 생각입니다.

레오나르도 다빈치는 천재가 분명해 보입니다. 미켈란젤로도 많은 이가 천재로 칭송하지만 내게는 광인狂人과 성자聖者 사이의 어디엔가 위치한 것처럼 보입니다. 나는 다빈치보다 미켈란젤로에게 마음이 기웁니다. 특별한 이유가 있는 건 아닙니다. 그냥 끌립니다. 아니, 이유가 있을 겁니다. 다만 지금은 알지 못합니다. '왜 미켈란젤로에게 끌리는가? 유독 그의 작품이 더없는 감동을 주는 이유는 무엇인가?' 앞으로 그를 사숙하며 이 질문을 내 손으로 풀어 보려고 합니다.

예전에 한동안은 확실한 인생의 지도를 갖기를, 삶이 순조롭기를 원했습니다. 이제는 바라지 않습니다. 원한다고 그렇게 되지 않을뿐더러, 그게 꼭 좋지도 않음을 체험했기 때문입니다. 나 하나도 잘 모르고 어쩌지 못하는데, 인생을 마음대로 주무를 수 없는 건 당연합니다. 모든 삶은 그 누구도 알 수 없는 길입니다. 그래서 전인미답前人未踏, 신비롭고 흥미진진합니다. 내 인생도 마찬가지입니다. 끊임없이 공부하는 존재는 일상을 싱싱하게 일궈 나감을 믿습니다. 나는 죽는 날까지 관심 인물을 공부하고 매일 책을 읽고 글을 쓰겠습니다. 이 한 가지를 스스로를 변역하는 존재의 습관으로 삼겠습니다.

"존재를 그만두지 않고는
보다 높은 차원의 존재를 획득할 수 없다"
– 아난다 쿠마라스와미

당신의 '인생의 오후'를 어떻게
그려 두었나요?

존재를 그만두지 않고는 어떤 생명체든
보다 높은 차원의 존재를 획득할 수 없다.
— 조지프 캠벨, 『천의 얼굴을 가진 영웅』(민음사, 1999)

오래전 이 글귀를 처음 만났을 때 나는 그 앞에서 꼼짝할 수 없었습니다. 아마 뱀의 눈앞에서 얼어버린 개구리 같은 모습이었을 겁니다. 이 말은 '죽어야 살리라.'라는 뜻입니다. 지금의 나를 죽여서 해체해야 한다는 의미이자, 나의 죽음을 맛봐야 한다는 말이지요. 그래야 새로운 존재로 거듭나 인생을 새롭게 시작할 수 있습니다. 그런데 나를 죽일 수가 없습니다. 두렵기 때문입니다.

처음 만난 이후 이 글귀는 나를 떠나지 않고 가지가지 모양으로 다시 찾아왔습니다. 가령 내가 신화를 읽을 때 이야기 속에서 이 문장이 되살아났습니다. 로마의 시조가 되는 트로이의 패장 아이네이아스는 무녀巫女 시빌라와 함께 저승을 다녀옵니다. 오디세우스도 저승에 가서 위대한 맹인 예언자

테이레시아스를 찾아가 자신의 미래 이야기를 듣습니다. 모두 죽음을 만나는 모티프입니다. 삶의 모험 중에서 가장 혹독한 여행이 죽음 맛을 보는 것이지요. 그들은 저승 여행을 마치고 다시 이승으로 돌아옵니다. 그리고 그들의 운명을 향해 나아갑니다. 더 나은 사람, 더 높은 존재로의 도약이 이뤄진 것이지요.

모든 본질적 변화의 정수는 죽음과 재생입니다. 거대한 낭떠러지가 폭포를 만들고 큰 강을 만듭니다. 낙엽은 나무가 겨울을 나기 위한 아름다운 죽음의 의식儀式입니다. 모든 잎을 떨궈야 다시 하나의 나이테를 만들어 낼 수 있고, 새봄에 물오른 나무가 되어 꽃을 피우고 열매를 맺을 수 있습니다.

우리 인간도 다르지 않습니다. 낙엽이 혹독한 겨울을 견디기 위한 나무의 지혜이듯이, 나를 잃음으로써 나를 되찾음은 모든 지혜의 공통된 메시지입니다. 개인의 혁명은 자신의 껍데기를 죽임으로써 가장 자기다워짐을 지향합니다. 자기가 아닌 것을 다 버림으로써 새로 태어나는 과정이 변화의 핵심입니다. 그러므로 죽음은 불가항력적이고 무기력한 소멸이 아닙니다. 오히려 변화하지 않는 본질을 발견하려는 열정이며, 그걸 발판 삼아 새로이 거듭나기 위한 끊임없는 모색입니다.

나는 나답게 살고 싶습니다. 그래서 나다운 것에 천착

하고 매달렸습니다. 사십 대에 접어들면서 마음 안에서 한 가지 꿈이 움트기 시작했습니다. 나무가 되고 싶다는 꿈. 동물의 삶을 죽이고 나무의 삶을 살고 싶습니다. 동물은 살기 위해서 다른 살아 있는 생명을 죽여 먹어야 합니다. 필멸의 인생이 갖는 슬픔입니다. 그러나 나무는 스스로 광합성을 합니다. 생명의 근원인 먹거리를 다른 생명에 의존하지 않고, 단지 태양과 비와 바람과 흙의 힘을 받아들여 살아갑니다. 그리고 오직 하늘을 향해 자라납니다.

동물의 몸을 죽여 나무로 태어나는 것이 마흔 이후 나의 '변화 프로젝트'입니다. 지금 내 나이 예순을 앞두고 있으니 꽤 오랜 시간 가꿔 온 작업입니다. 생각해 보면 가장 자연스러운 일이기도 합니다. 모든 동물은 죽어 땅에 묻히고 썩어, 하나의 벚나무 씨가 그 비옥한 땅에 떨어지면 그 싹이 되어 자라 봄에 찬란한 꽃을 피워 내는 나무가 되는 것이니까요. 중요한 건 산 채로 죽음을 겪어야 한다는 겁니다. 죽음은 삶의 끝이 아니라 삶의 완성이며, 새로운 삶으로 이어지는 다리이기 때문입니다.

'지금의 존재를 그만두지 않고는 더 높은 존재가 될 수 없으리라.' 사실 이 말은 인도 예술학자인 아난다 쿠마라스와미가 『Akimcanna: Self Naughting』이라는 책에서 언급한 것입니다. 나는 이 책을 보지 못했고, 다만 다른 책 속에 인용

된 걸 읽었습니다. 그러나 이 메시지는 제때 나를 낚았기 때문에 피할 수 없었습니다. 나는 꽤 오랫동안 이 문장과 함께 중년 이후의 삶을 스케치해서 다음과 같은 이미지로 마음속 액자에 걸어 두었습니다.

'인생의 오전이 살아 있는 다른 생명을 죽여 먹고살아야 하는 동물의 삶이었다면, 인생의 오후는 스스로 먹고사는 나무의 삶을 살아 보리라. 내 발이 땅속에서 뿌리를 내리고, 내 두 팔은 굵은 가지가 되어 무수한 엽록소를 가진 푸른 잎으로 가득하게 되리라. 바람과 함께 내 홀씨들은 푸른 하늘로 무수한 여행을 하게 되리라.'

이것이 내가 10년도 더 전에 그려 둔 두 번째 인생의 그림입니다. 나의 50대는 이 그림을 현실에서 다시 그리는 나날이라고 해도 과언은 아닐 듯합니다. 그대는 인생의 오후를 어떤 모습으로 그리고 있나요? 언제 어떻게 새로운 인생을 시작하고 싶은가요?

나는 나 자신에게 질문 던지는 걸 좋아합니다. 문득 이렇게 스스로 묻는 일이 바다에 띄우는 '유리병 편지' 같다는 생각이 드는군요. 지난 몇 달 동안 그대에게 보낸 '마음편지'는 독자인 그대뿐만 아니라 나를 위한 편지이기도 합니다.

'중년 이후 어떤 삶을 살 것인가?'라는 질문도 사십 대의 어느 날, 쿠마라스와미의 한 문장과 함께 유리병에 넣어 내면의 바다에 띄워 보냈지요. 유리병에 담긴 질문은 시간의 바람과 정신의 물결 따라 이리저리 여행하다 때가 되면 마음의 어느 해변에 도착합니다. 그런데 그 유리병을 꺼내 보면 신기하게도 질문 옆에 그걸 풀 수 있는 결정적 단서가 들어 있곤 했어요. 내 안의 누군가가 유리병 속 질문과 같이 여행하며 답을 찾아내는 걸까요. 내 '인생 오후의 그림'도 그렇게 나를 찾아왔답니다.

그대도 소중한 질문을 유리병에 담아 마음의 바다에 실어 보내 보세요. 유리병 질문은 딱 필요한 시점에 그대에게 딱 맞는 답을 안고 돌아올 거예요.

나의 두 번째 인생을 상징하는 한 단어

사실 '그대 인생의 오후는 어떤 그림인가?'라는 스승의 질문을 처음 봤을 때 뭐라 답해야 할지 막막했습니다. 아무것도 떠오르지 않았거든요. 내 인생의 오후는 여전히 어둠 속에 잠겨 있구나 싶었습니다. 그런데 질문을 나침반 삼아 파고들다 보니 실마리가 보였습니다. 적어도 내 삶과 미래에 대해서는 어떤 답이든 다른 누가 아닌 내가 찾아야 하며, 답은 다른 어디도 아닌 결국 내 안에 있습니다.

나는 서른다섯 살까지 실용적이고 목표 지향적으로 살았습니다. 매년 목표를 설정하고 실행 계획을 세웠습니다. 회사에서 일할 때도 목표와 계획 없이는 움직이지 않았고, 여행을 떠나서도 미리 세워 둔 일정이 틀어지면 마음이 편치 않았습니다. 매사에 효율성을 중시하고 시간 관리를 위해 정교한 체계를 가진 다이어리를 사용했습니다. 이런 방식이 성격과도 잘 맞았습니다. 외향적이고 꼼꼼하고 사교적인 기질에, 가능한 한 상황을 통제하고 빠르게 판단을 내리고 문제에 미리 대비하는 걸 선호했으니까요. 다른 한편으론 자기 성찰을 잘하면서도, 그만큼 지난 일을 여러 번 곱씹고 앞날을 미리 격정하는 경향도 있었습니다.

　　삼십 대 후반에 접어들며 변화가 찾아왔습니다. 가장 큰 변화는 내면에서 시작되었습니다. 갑작스럽게 성격이 변하고 삶에서 추구하는 의미가 달라졌습니다. 사실 처음에는 큰 지진이 난 듯 모든 게 혼란스러웠습니다. 조금 과장해서 말하면 마치 하루아침에 눈멀고 길을 잃은 듯했습니다. 나중에야 내가 심리학자들이 '중년의 위기'라고 부르는 어둡고 낯선 심연을 통과하고 있음을 알게 되었습니다. 카를 융은 "우리는 생의 오후를 아침에서와 같은 프로그램에 따라 살 수는 없다. 왜냐하면 아침에 많았던 것이 저녁에는 적을 수 있고 아침에 진실이던 것이 저녁에는 진실이 아닐 수 있기 때문이다."*라고 말했습니다. 이 시기를 거치며 나는 융의 말을 절감했습니다.

　　이런 변화는 인생에서 처음 접해 보는 국면이었습니다. 그래서인지 직면하게 되는 문제도 아주 새로웠습니다. 당시에는 그 문제들을 피하고 싶었지만 돌아보면 새로운 문제 하나하나가 잠재력을 여는 문이기도 했습니다. 이건 나중에야 깨달은 것이고, 꽤 오랫동안 막막하고 힘겨운 시간을 견뎌야 했습니다. 인생의 변곡점에 있다는 느낌은 들었지만 앞으

* 　카를 구스타프 융, 『인간과 문화』(솔출판사, 2004)

로 어떻게 살아야 할지 도무지 그림이 그려지지 않았습니다. 겉으로 보기엔 여러 길이 펼쳐져 있었지만 나는 온갖 불안으로 가득한 미로를 홀로 헤매는 심정이었습니다. 그래서 한동안은 예전의 성격과 생활 방식으로 돌아가기 위해 애썼습니다. 더 분명한 목표를 세우고 계획을 더 상세하게 짰습니다. 다양한 사람을 만나고 여러 모임에 참가하기도 했습니다. 그런데 그럴수록 무기력해지고 공허해졌습니다. 어리석은 탓에 숱한 시행착오를 겪고 나서야 인생을 새롭게 전환해야 할 때가 되었음을 겨우 자각했습니다. 이제껏 이미 부패해 버린 정신과 닳고 닳아 퇴행한 생활을 붙들고 있었음을 인정하게 되었습니다. 아인슈타인이 지적했듯이, 문제를 일으킨 의식 수준으로는 그 문제를 해결할 수 없습니다. 새 삶에는 새로운 정신이 필요한 법입니다.

다행히 그 정신은 멀리 있지 않았습니다. 오래 헤맨 덕분인지 불현듯 찾아온 영감을 바로 포착할 수 있었습니다. 어느 날 손에 든 『장자』에서 '심재心齋'라는 단어를 만났습니다. 심재에 대한 여러 해석이 있는데 한자 뜻을 그대로 풀면 '재齋'는 '재계齋戒'의 준말로, 제사를 모시기 전에 부정한 것을 멀리하고 몸과 마음을 깨끗이 하는 것입니다. 그렇다면 심재는 '마음心'을 재계한다는 의미이니, 마음을 비우고 정결하게 하는 과정으로 이해할 수 있습니다.

이 글을 쓰며 생각해 보니 심재는 앞서 나온 아난다 쿠마라스와미의 말과도 일맥상통합니다. 존재를 그만두는 방법이자 보다 높은 의식으로 가는 길이 곧 심재이기 때문입니다.『장자』에서는 심재 이전과 심재 이후에 달라진 점으로 자아의 유무를 꼽습니다. 여기서 자아는 '작은 나'를 가리킵니다. 그러니까 심재는 작은 나를 놓아 버림으로써 '큰 나'를 드러내는 길입니다. 여러 해석을 찬찬히 살펴본 후 나는 심재를 '성찰과 성장의 길'로 받아들였습니다. 여기서 자세히 설명하지는 않겠지만 독서와 글쓰기, 걷기, 관계 등 내게 중요한 모든 활동은 심재와 연결됩니다.

심재 두 글자를 소중히 여기고 있습니다. 내가 되고 싶은 존재의 본질을 내포하고 있기 때문입니다. 심재를 가장 오랜 시간 머무는 서재의 이름으로 삼았습니다. 한자 '재'에는 '집'과 '방'이라는 공간적 의미도 있으니, 공간으로서의 심재는 내가 누구이고 장차 누가 될 수 있는지를 탐구하는 수련장과 같습니다. '큰 나를 만나는 공간' 또는 '마음의 집'으로 해석할 수도 있습니다. 나는 몇 년 전에 문을 연 1인 기업의 이름에도 이 단어를 넣어 두었습니다. '콘텐츠 랩 심재'. 나는 스스로 실험하고 공부한 내용을 차별적 콘텐츠로 만들어서 세상과 나누고 있습니다.

지금까지 심재를 내 삶의 방향성이자 나란 존재의 고갱이로 여기면서도 실천은 뒤로 미뤄 왔습니다. 아주 많은 준비가 필요해 보였기 때문입니다. 이 글을 계기로 심재가 이름만 번듯한 개념으로 남지 않도록 일상에서 실천하기로 다짐합니다. 이론이 생활이 되려면 구체적이고 명료해야 합니다. 그래서 심재의 본질을 고심 끝에 내 나름대로 '열린 마음, 현존, 평상심'으로 정리했습니다. 이렇게 적고 나서 봐도 내게 요원한 경지입니다. 그래도 실망하지도 걱정하지도 않습니다. 오랫동안 생존보다 성장을 바랐고, 성공보다 성숙을 원했습니다. 성장과 성숙에는 끝이 없습니다. 내 '인생의 오후' 동안 잘 되든 안 되든 충실히 심재하다 보면, 크든 작든 성장하고 성숙하게 되리라 믿습니다. 그걸로 족합니다. 여정 자체가 보상이니까요.

스승의 질문에 하나둘 답하면서 좋은 질문의 중요성을 점점 체감합니다. 심재를 가슴에 품은 지는 몇 년 되었지만, 지금껏 '인생의 오후'와 연결할 생각은 하지 못했습니다. 이제 선명해졌습니다. 심재는 내 '인생의 오후'를 함축하고 있습니다. 이 세상의 수많은 길에서 내게 딱 맞는 오솔길을 드디어 찾은 것 같습니다. 스승의 말처럼 내가 띄운 '유리병 속 질문'도 딱 맞는 시간에 꼭 맞는 답과 함께 돌아왔습니다.

닫는 글

구본형과 함께하는 새로운 방법

2023년은 아버지가 돌아가신 지 10년이 되는 해입니다. 아버지의 빈자리가 점점 익숙해지면서도 여전히 그는 마음속의 안식처이자 부지깽이로 남아 있습니다. 다정하면서도 핵심을 가리키던 한 사람의 존재는 잔잔한 기쁨과 그리움으로 다가옵니다.

10년이 흐르는 동안 20대 후반의 젊음이던 저는 결혼을 하고, 직장에서 중간 관리자가 되었습니다. 구본형의 정신을 새기며 열심히 살고, 성실하게 내 삶을 유지하며 발전시키려고 노력해 왔습니다. 그 과정에서 아버지께 묻고 싶은 게 많았습니다. 해소되지 않은 궁금함과 고민이 지나온 길목마다 늘 어느 정도는 남아 있는 것 같았습니다.

그러던 중 만난 이 책에 담긴 질문들과 대답들은 아버지와 대화를 나눴던 장면들을 기억나게 해 주었습니다. 아버지는 항상 나를 있는 그대로 봐 주고, 충분히 공감하며 내 고민을 어떻게 풀어 나가는 게 좋을지 같이 생각해 주셨습니다. 높은 데서 내려다보지도, 남의 일로 여기지도 않는 아버지와 나누는 대화는 늘 갈등으로부터 나를 지켜 주는 울타리처럼 든든하고 안심이 되었습니다.

그러다 언젠가부터 아버지와의 문답이 사실은 나 자신과의 심도 있는 대화와 닮아 있다는 사실을 깨달았습니다. 내가 어떤 사람인지, 내가 어디로 가고 싶은지, 나 자신은 이 일을 어떻게 생각하고 무엇을 느꼈는지와 같은 물음들이 삶의 고민을 풀어 가는 핵심이라는 생각이 들었습니다. 좋은 질문을 하고 그 대답을 찾을 때까지 계속해서 사유하는 일은 내가 나 자신에게 닿는 유일한 길이라고 할 수 있으며, 나 자신을 제대로 사용할 수 있는 방법이기도 합니다.

자신을 제대로 사용할 수 있는 존재가 되는 것. 이것이야말로 구본형의 '변화경영'의 시작이자 완성입니다. 거의 모든 과정에서 그의 제자들은 자신이 어떤 사람인지, 무엇을 잘할 수 있는지, 어떤 의미가 될 수 있을지를 찾습니다. 삶이 제시한 질문에 진정 나다운 대답을 하기 위해서 연구하고 고민합니다. 아버지의 저작들이 여전히 많은 사람에게 깊은 울림을 주는 이유는 그의 글이 본질적으로 내면의 중심에게 말을 걸기 때문일 것입니다.

이 책의 초고를 받았을 무렵, 나는 커리어에 관해 고민하고 있었습니다. 이직하고 나서 적응이 어려워 진지하게 퇴사를 고민 중이었습니다. 그러던 중 스승과 제자의 문답이 나에게 어떤 힌트처럼 다가왔고, 내가 원하는 것이 무엇인지 알기 위해서는 솔직하게 자신과 직면해야 한다는 것을 깨달았습니다. 사실 나는 이직 후 목표를 추진해 볼 기회가 아직 없었기에 벌써 그만두는 건 아깝다고 생각하고 있었습니다. 그리고 다른 한편으론 새로운 환경에서 내가 무엇을 잘할 수 있는지 스스로 의구심을 갖고 있었습니다.

　　이런 고민에 골몰하던 중에 여러 기회가 겹쳐 아주 도전적인 업무를 맡게 되었습니다. 신규 시장 진입 전략을 제안하는 업무로, 시장과 고객, 내부 역량 등 상당히 넓은 범위의 깊은 검토가 필요한 일이었습니다. 나는 내가 가진 최대한의 능력치를 발휘해야 했기에 있든 없든 모든 역량을 끌어모아 일에 몰두했습니다. 출장을 다니고, 야근을 하고, 보고서를 수없이 고치고, 만나는 사람마다 붙잡고 의견을 물어보았습니다. 한번은 야근하고 탄 택시의 기사를 인터뷰한 적도 있었습니다. 이쯤 되니 성과가 어찌 되든 크게 상관없었습니다. 나는 이미 새로운 분야의 시장에 대한 내 나름의 견해를 찾았고, 새로운 고객들을 만나며 시대의 요구를 눈으로 확인했으며, 그 흐름 속에 내가 다니는 회사가 어디쯤 위치해 있는지 알게 되었으니까요. 물론 그에 앞서 나는 내가 새로 발을 담근 산업이 궁금했고, 과연 내 생각이 맞는지 확인해 보고 싶은 마음이 강했습니다. 아직 오지 않은 새로움에 대한 호기심과 적합한 답을 찾으려는 행동력이 내가 가지고 있는 강점 중 하나임을 이번 경험으로 확실히 자각했습니다.

다행히 고심 끝에 발굴한 새로운 시장은 가치를 인정받았고, 나는 별도로 포상을 받았습니다. 확실하게 내가 있을 곳을 만들어 내는 경험을 통해 나는 인생에서 멋진 장면 하나를 만들어 냈습니다. 또한 이 장면이 어디로 연결될지는 몰라도 내가 어떤 사람이 되고 싶은지에 대한 결정적인 힌트가 될 수 있겠다는 예감이 들었습니다. 오랫동안 계속 답하고 싶었던 바로 그 질문 말입니다.

좋은 질문은 아리아드네의 실타래처럼 보다 깊은 삶 속으로 나의 발걸음을 인도하고, 삶의 새로운 조각들을 발견하여 하나로 연결할 수 있게 도와줍니다. 질문과 경험이 어우러지며 만들어 가는 답이란 이렇게 흥미로움의 연속입니다. 아버지를 마음속에 계속 품고 그가 남긴 질문을 고민하며 살아가는 것이야말로 아버지를 기억하고 새로움을 더하는 방법이라 생각합니다. 구본형을 사랑하는 분들이 10주기 이후에도 그와 함께했던 기억을 활기차게 떠올리기 위해 반드시 필요한 방법이라고 확신합니다. 아마 아버지도 슬픔보다 기쁨으로, 추억보다 새로운 경험으로 함께하기를 원하시리라 믿습니다. 이 책을 읽으며 질문을 통해 진정한 나를 만나고,

아버지를 만날 수 있었습니다. 이 책을 손에 든 그대도 마음에 울림을 주는 질문을 발견하기를, 그 질문과 함께 새로운 일상이 펼쳐지기를 진심으로 기원합니다. 좋은 글을 읽게 해준 홍승완 저자에게 감사한 마음 전합니다.

2022년 12월
구해언

저자 후기

10년 만에 전하는 선물

나는 평소에 스승을 사부님이라고 불렀습니다. 여기서도 그렇게 부르겠습니다. 10년 전, 사부님은 당신의 원고를 책으로 내고 싶어 했습니다. 맞습니다. 지금 그대가 손에 든 이 책입니다. 10년 가까이 품어 온 책을 마무리하는 지금, 바로 그 10년 전 2013년 봄날이 떠오릅니다. 사부님으로부터 연락이 왔습니다. 보고 싶다고, 병원으로 올 수 있냐고. 곧바로 달려갔습니다. 서울의 한 병원에 도착해 병실에서 사부님을 만났습니다. 그때까지 치료받으며 회복하고 있을 거라 생각했는데, 아니었습니다. 몇 달 만에 만난 사부님은 이전과 많이 달랐습니다. 병이 악화되어 치료가 잘 안 되고 있었습니다. 나는 그저 곁에서 그의 손을 잡고만 있었습니다. 그런 내가 안되어 보였는지 사부님은 항암 치료를 위해 밀어 버린 머리를 가리키며 농담을 건넸습니다.

"스님 같지 않냐?"

나는 이 말에 뭐라 답을 하지 못했습니다. 아마 내 표정도 많이 어두웠을 겁니다. 그러지 말았어야 했습니다. 그런데 그때는 너무 놀라서 다르게 행동하지 못했습니다. 병실을 나올 때쯤 사부님이 말했습니다.

"자주 오너라."

그러나 나는 자주 찾아뵙지 못했습니다. 그날 이후 두세 번 정도 병원에 갔습니다. 자주 가고 싶었습니다. 아니, 매일 24시간 곁에 있고 싶었습니다. 그런데 그럴 수 없었습니다. 하루가 다르게 병세가 달라지고 치료에 전념해야 하는 상황에서 모든 게 조심스러웠습니다. 하물며 내가 보고 싶다는 이유로 자주 방문할 수는 없었습니다.

사부님이 떠나고, 자주 오라던 말 한 마디가 가슴에 맺혔습니다. 사부님과 처음 만난 서울 광화문 교보빌딩 앞 나무를 자주 찾았습니다. 유해를 모신 곳에도 종종 발걸음을 옮겼습니다. 그리움은 처음 만난 장소를 넘어 사부님이 마지막으로 쓴 글로 이어졌습니다. 그가 남긴 글들을 읽고 또 읽었습니다. 동시에 스스로 묻고 또 물었습니다.

'사부님은 왜 이 질문을 자기 자신에게 던졌을까?'

'왜 이 질문을 세상 사람들과 나누고 싶어 했을까?'

　　사부님에게 감정 이입하고 이 질문을 돋보기 삼아 사부님의 책을 비롯해 수많은 칼럼과 '마음편지'들을 살펴봤습니다. 그런데 글에 침잠하는 시간이 길어질수록 어느 순간부터는 내가 혼자가 아니라는 생각이 들었습니다. 이상하게 들릴지 모르지만 나는 사부님의 영혼이 곁에서 함께하고 있다고 느꼈습니다. 글에는 저자의 정신이, 그것도 알맹이가 온축되어 있기 때문에 그렇게 느낀 걸지도 모릅니다. 또 하나, 모든 사물은 에너지이고 에너지는 형태만 달라질 뿐 사라지지 않습니다. 에너지는 고유의 주파수로 진동하며 같은 주파수는 서로 통하는데, 이는 멀리 떨어져 있어도 마찬가지입니다. 우리 각자도 에너지이고 주파수를 가지고 있습니다. 그렇다면 우리 영혼도 고유의 주파수나 기운을 가지고 있지 않을까요? 같은 주파수를 가진 영혼 간의 공명도 가능하지 않을까요?

　　나는 스승을 모방하지 않고 구본형이 되어 이 책의 원고를 쓰려고 노력했습니다. 적어도 이 원고를 작업할 때만큼은 그랬습니다. 지금 쓰고 있는 이 글도 우리 둘이 같이 쓰고 있다고 느낍니다. 이 책은 그렇게 세상에 나오게 되었습니다.

10년 만에 빛을 보는 책인 만큼 고마운 분이 많습니다. 처음부터 끝까지 진심으로 응원해 주고 도와준 구본형 사부님의 제자이자 둘째 딸 구해언 님에게 고마운 마음을 전합니다. 뜻깊은 일을 할 수 있도록 흔쾌히 허락해 주신 조윤희 사모님에게 머리 숙여 감사드립니다. 책의 목차와 대표 질문을 다듬는 걸 도와준 아내 박현민에게 사랑을 전합니다.

인생이 관계의 흐름에 따라 펼쳐지듯이 한 권의 책이 탄생하는 데도 인연이 작용합니다. 오랫동안 함께 마음을 맞대고 좋은 책을 만들기 위해 최선을 다해 준 이임호 편집자님, 고맙습니다. 10년이라는 긴 시간 동안 한 저자의 원고를 기다려 주시고, 더할 수 없는 애정으로 아름다운 책을 만들어 주신 을유문화사 정상준 대표님에게 진심으로 감사합니다.

사부님은 병세가 심해지는 와중에 보낸 마지막 마음 편지에 이렇게 적었습니다.

"하늘에 흐르는 저 흰 구름 가닥처럼
봄이 온다.
배낭을 메고 떠나고 싶다."

이 편지의 제목은 '봄이 온다'입니다. 그렇군요. 어느 새 봄이 오고 있습니다. 그리고 이 책도 우리 손을 떠나 세상으로 여행을 떠납니다.

올해로 사부님이 떠난 지 10년입니다. 이 책은 하늘에 계신 스승과 땅에 있는 제자가 함께 쓴 책입니다. 구본형이 10년 만에 그대에게 건네는 선물입니다. 이 선물이 그대 마음에 들면 좋겠습니다. 책을 읽으며 그대 마음이 봄처럼 피어나기를 소망합니다.

2022년 깊은 겨울밤 봄을 느끼며
홍승완

변화경영연구소 1기 연구원 신재동 촬영